優渥叢書

暢銷限定版

88張圖看懂技術分析

你也能跟他一樣，10 年賺到 7000 萬！

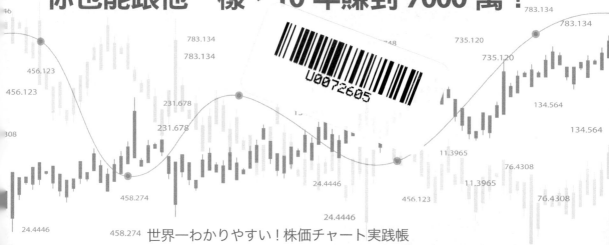

世界一わかりやすい！株価チャート実践帳

渋谷高雄◎著　石學昌◎譯

CONTENTS

序章

「K線矩陣」2大祕訣，讓你投資錢滾錢

沒有100%的預測，但能培養100%的應變能力

PART 1

看懂「K線矩陣」5大關鍵字，抓準趨勢與買賣點

PART **2**

大盤指數怎麼看？
賺錢獲利有徵兆

觀察大盤指數，透視股市整體狀況

從那斯達克指數，學會停利和停損的技巧

PART **3**

用「K線矩陣圖」案例，
鍛鍊你的實戰能力

「突破」帶來的漲勢，買點應該設在哪裡？

「跌破」產生的賣壓，賣點應該怎麼設定？

從「支撐線」和「壓力線」，找出股價反轉價位

行情能量的大小，就看「成交量」增減

推薦序

善加利用技術分析，
就能在股海中穩健獲利

魔法K線達人・啟發投顧／王煥昌

　　「K線」為量價的先行指標，反應量價關係及多空勢力消長，因此 K 線量價變化，為股市入門的不二法門和投資工具。本書作者教導投資人踏入股海必備的 5 大關鍵字：**趨勢線、成交量、支撐線和壓力線、K 棒、移動平均線**。其中只有支撐線和壓力線，需自行從 K 線圖中學習如何繪製，其餘皆可從券商下單軟體或一般常用的看盤工具中取得，若能善加利用即可勝券在握。

　　技術面分析是採用過往 K 線歷史軌跡，藉此研究出的一套獲利模式。但無法全套用至個股情境，因此本書反覆提及停損的觀念，若遇到違反技術面常規的情況，可使用停損法則，因為善設停損才能在失利中受最小傷害，並且反敗為勝。本書作者在書中苦口婆心再三強調，學習技術理論，能幫你在茫茫股海中指引迷津，多勝算少失誤，實為投資股市的絕佳工具書。

　　另外，依 K 線型態定多空趨勢，需以三日或五日 K 線組合型態作判讀，本人常言一日定轉折、三日定多空、五日定趨勢，作者在書中不僅告訴讀者 K 線結構、一日 K 線及不同型態的 K 線等，出

現在關鍵轉折處時，如何判斷多空轉折，也藉由趨勢線及移動平均線做為輔助工具，在多重判斷漲跌趨勢的方法下，將更能精準提高勝率。

書中備有多張 K 線範例圖表，並將 5 大關鍵字標示出來，讓讀者學習完整趨勢技術後，還能快速模擬操作。股市是金錢掠奪的戰場，任何交易進出攸關投資的盈虧，初入門的投資人切不可在未完備量價技術技能之前，貿然投入股市、徒手搏虎。本人建議讀者，範例圖表張張重要，務必靜心複習、踏實吸收，只要能善加利用技術面分析，投資理財絕非難事。

本書值得推薦給您，讓您能更上一層樓，在股市中穩健獲利。

前言

投資股票就像考試，懂得技巧還要反覆練習

　　2005 年在日本出現的泡沫行情，想必各位依然記憶猶新。每檔新上市的 IPO 股（Initial Public Offerings，首度公開募股），股價每日都創新高，而部分新興市場的標的，甚至在相當短的期間內，漲幅高達公募價格 10 倍以上。

　　就連東京證券交易所第一部[1]（簡稱「東證一部」）多檔大型股票，股價都從最低點飆升到 10 倍以上，整體股市都處於只漲不跌的上升行情。在這波泡沫行情當中，據聞有人的資金乘勢增加了 200 億日圓（約新台幣 55 億元），而我則是藉由股票交易，在一年內獲利 1700 萬日圓。

　　或者有的讀者覺得相較之下好像有點少，然而當時我大約花了 4 年的時間，反覆在失敗中學習，才總算理解了股票交易的「設計圖」。因此，我能當個上班族，**還能每個月平均獲利 100 萬日圓左右**。

　　原本只能算是散戶上班族的我，因為累積了許多人脈，而有幸

註 1：第一部相當於證券交易所的主板。

在 2005 年夏天出版《股價線圖圖解投資術》一書。

由於該書獲得出乎意料之外的好評價，因此我在隔年，推出第二本著作《股票升級講座》。當年我投資股票的**每月平均獲利**，也提升到 **500 萬日圓左右**。

如今的月收入已經等同於過去的年收入？在難以隱藏的興奮心情背後，我其實仍然對這樣的成績半信半疑：「這真的是自己的實力嗎？」「或者單純只是偶然呢？」

因此，為了更專心研究股市，我毅然辭去正職工作。我雖然對此感到不安，但認為唯有背水一戰，才能更認真面對股票投資。

然而，隔年 2007 年的股市行情並不好，由於全球股價低迷和次級房貸等因素，紐約股市和日經平均指數都出現數次的暴跌。不過，我在股票交易的獲利卻提升到**兩年前的 10 倍之多**，也就是說每月獲利**可達 1000 萬日圓以上**。

於是，我有幸受到 ASA 出版社的邀約，推出這本個人的第三本著作。

我投身股市至今為止的總獲利，已經超過 2 億日圓。就自身經驗而言，我覺得為了在股市中獲利的這一連串過程，與考取大學和各種證照的過程十分相似。

先掌握基礎知識，並做好對交易的心理建設後，再來只剩下實踐。正因為認真反覆執行上述作業，我才能夠有今日的成就。

我認為如果交易期間介於數日到數週，或者最多只有半年，最終能決定股價的，是「買方力量」與「賣方力量」之間的供需關係。這樣的論點雖然無法套用在全部狀況，但仍可以反映在大多數的線圖上。

　　在這樣的考量下，本書以可實際操作的問題集形式呈現，內容涵蓋了像我這樣有經驗的股票投資人平日觀察線圖的過程。在這本實戰手冊中，你不僅**可以學習基礎知識（5 大關鍵字）**，**還可以透過題庫反覆解題**。那麼事不宜遲，我們立刻開始吧。

序章

「K線矩陣」2 大祕訣，
讓你投資錢滾錢

沒有 100% 的預測，但能培養 100% 的應變能力

鍛鍊分析線圖的功力，掌握技術分析的技巧

有沒有人認為，如果日經平均指數盤勢不佳，就沒辦法藉由股票獲利呢？然而，事實上並非如此。無論日經指數處於何種盤勢，只要能理解用於解讀股價線圖（圖 1）的技術分析，也可能藉由短期操作獲利。

所謂的「技術分析」，是指將過去的股價及成交量等股市數據作為基準，預測未來的股價動向，並思考買賣時機的分析手法。當然，先做基本面分析，分析企業業績和經營狀況等，再買股票是很重要的，但是不足以判斷「最適宜的買賣時機」。在這一點上，技術分析是計量時間點非常有效的方法。

我把股票買賣當作個人的投資信託運用，差異只在於交由基金操盤，或是自行操作而已。親自操盤交易時，重要的是在數字上呈現結果。這一點與業務員相同，如果不懂要領，只是不斷地拜訪客戶，往往難以將努力轉換成帳面上的業績。股票交易也是一樣，如果不致力於學習技巧，只是含糊地反覆在股價「下跌時買進」及「上漲時賣出」，就無法從中增加獲利。

本書將解說必學的**技術分析 5 大關鍵字**，並以此為本，協助讀

圖1 股價線圖的結構超簡單！

識別個股的代碼。實際下單時會用到。

任天堂（7974）2007年6月1日～2007年12月27日

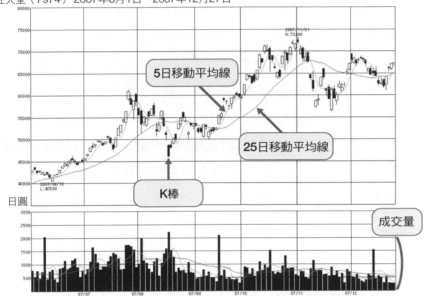

5日移動平均線

25日移動平均線

K棒

日圓

成交量

（百股／1000日圓）　　　　　　　　　　　　　※線圖來源：樂天證券「Market Speed」

股價線圖只要把握以下重點！

① 由K棒、移動平均線及成交量三大要素構成。

② 能檢視所有上市公司的股價。

③ 股價線圖可以在入口網站「Yahoo!」中的
「Yahoo!財經」，或是各大證券公司的官網
如：「樂天證券」或「Monex證券」，又或
是「投資雷達社」發行的雜誌《週刊線圖手
冊》查看[1]。

註1：台灣投資人可於「Yahoo! 奇摩股市」，以及各證券公
司官網、看盤軟體或 app 找到上市櫃公司的 K 線圖。

基礎知識出乎意
料地簡單！如果
是這樣，我應該
也能辦到。

者習得在任何狀況下都能推測股價動向的技巧。

此外，可以培養出預設各種意外動向的技巧。這件事相當重要，因為無論分析能力再怎麼強，事實上都不可能做到 100％的預測。當走勢不如預期時，若缺乏模擬意外狀況的能力，就會難以因應。為了能靈活應對各種狀況，事前應在主要的預測之外，多模擬幾種股價走勢。我在瞭解這樣的觀念之前，長期在反覆的失敗中做過許多嘗試，過程中甚至曾經一次損失 500 萬日圓。

但是，從這樣大挫敗中學到的東西，造就我今日擁有的交易觀念和技巧。而且，如今**我已經能以穩定的步調，每個月從股市中獲利 1000 萬日圓以上**。這正是以過去的失敗經驗為基礎，持之以恒地磨練預測股價動向能力的結果。

圖2　預測各種不同的股價走勢

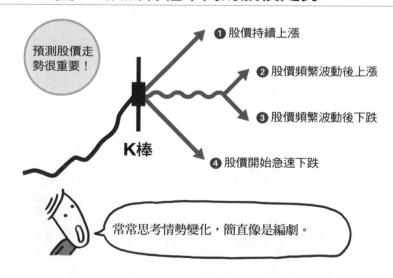

預測股價走勢很重要！

❶ 股價持續上漲

❷ 股價頻繁波動後上漲

❸ 股價頻繁波動後下跌

❹ 股價開始急速下跌

K棒

常常思考情勢變化，簡直像是編劇。

避免重大虧損，先要裝備技巧與知識

我開始投資股票，正好是網路泡沫時期之初。當時，我只是任職於不動產公司的上班族，在朋友的推薦下，買進 SONY 的股票。之後短短幾天，我就賺進 5 萬日圓。

當時，我身為上班族的年薪約為 500 萬日圓，而股票交易能在短期就賺進 5 萬日圓，自然令我心動不已，於是我閱讀並鑽研股票相關書籍。到了 1999 年，我將所有存款 300 萬日圓全數投入，且同年 10 月開始進行網路交易。那時我的操作手法如下：

❶ 查看公告在「Yahoo! 財經」中處於上升趨勢的股票排行。

❷ 買進股價正在上漲的股票。

❸ 只要稍微有利可圖就賣出，以獲利數萬日圓。

❹ 若股價下跌，不會脫手而是置之不理。

❺ 股價從下跌中回漲時，只要有點賺頭就賣出。

由於當時資訊相關類股如網路等，全都處於上升趨勢，即使股價一時下挫，只要等待幾乎都會漲回來。在網路泡沫化的推波助瀾下，當初我投入的 300 萬日圓資金，在開始網路交易的半年後、2000 年 4 月時，竟然倍增到 600 萬日圓。

然而，就在此時，達到顛峰狀態的網路泡沫開始瓦解，我持有的優良企業股票，如 NTT[2]、KDDI[3]、CSK[4] 等，股價一蹶不振，還持續探底。於是，我買進的股票幾乎全都被套牢，300 萬日圓的獲

利全數歸零，手邊的資金只剩下原有的 300 萬日圓（「套牢」是指股價比起購入時大幅跌落，在虧損的狀態下仍持續持有）。

這是初學者經常遇到的狀況，明明最初買進的股票是乘著上升趨勢才獲利，但我誤以為是自己的實力。因此，當股價進入下降趨勢時，我無法將股票賣出，而是就這樣抱著，最後自然導致巨大的虧損。

在網路泡沫時期嚐到的失敗，使我更深刻感受到技巧是股票交易必備的能力。只是隨意買賣進出，絕對無法穩定獲利，唯有練就技巧和知識，才能真正開始獲利。

後來，我努力地鑽研一些詳細記載各種股價線圖和交易技巧的書籍，並且注意股票交易的技巧和策略，同時腳踏實地進行實戰交易。結果，在一年之後、2001 年 3 月時，我的資產總算又回到 600 萬日圓。

體驗失敗很寶貴，付出學費得學到經驗

由於我對自己的股票交易技巧相當有信心，因此辭掉工作，成為專職操盤手。當時我的想法是：「如果不是邊上班邊操盤，而是將時間全數投注在股票買賣上，一定能讓獲利成長更多。」

註 2：即日本電信電話，為日本大型電信公司。
註 3：即 KDDI 股份有限公司，為日本大型電信公司。
註 4：即 CSK 股份有限公司，為日本系統半導體設備商。

　　自從我轉職成為專業投資人後，資產順利地成長不少。此外，我還報名股票交易的專門學校，以時間換取技巧的精進。但事與願違，我再次遭逢重大的挫敗。

　　某次，我相當自信地做預測後就去買股票，然而情況卻完全相反，導致未實現損益達到 500 萬日圓。明明中途停損就好，但因為自信過剩而無法下定決心（「停損」是指在虧損的狀態下將股票賣出）。

　　最後，我終於認賠停損，但當時承受的苦痛煎熬，至今依然難以忘記。所以，我決定往後要將以下教訓充分活用：如果沒有盡早停損，就會導致這種後果。

再次回到股市還是受挫，原因是……

　　後來，我重振精神再次進場，並順利地增加獲利。但不久之後，我又再次損失近 500 萬日圓。即使穩健累積獲利，但只要遭受重大挫敗，至今的獲利就會全數吐回，這樣不斷重蹈覆轍，實在是相當痛苦的經驗，簡直就像一下被推到谷底，又一下往上爬。

　　然而，即使如此，我依然未放棄要成為專業投資人，因為我深信自己在股票上感受到的可能性，並且持續懷抱著夢想。因此，我下定決心，即使大賠，至少要從中學到教訓。

　　於是，我開始回顧過去嚴重損失時的交易明細，並且思考失敗的原因。儘管感到痛苦，但唯有找出一再挫敗的原因，並加以克服，才能不再重蹈覆轍。結果，在回顧的過程中，我清楚看見了股票的

「失敗機制」和「成功機制」，同時瞭解到，股票交易必須具備哪兩項技巧。

知識技術與風險管理，兩種能力缺一不可

　　許多人認為，只要連預測股價的技巧都鍛鍊好，就能不斷提高獲利。當然，預測技巧十分重要，如同本章節開頭所提，本書的重要功能就是讓讀者學會「在任何狀況下都能推測股價動向的技巧」，以及「能想像出預料之外變化的技巧」。

　　但是，若只知道預測股價變動的技巧，交易失敗的風險也會隨之增大，因為心理因素也是失敗的原因之一，而心理面的技巧正是我不足的部分。在跌落谷底時，**我再次體悟，股票交易所需的兩項技巧是「預測股價動向的能力」，以及「風險管理和心理管理的能力」**。接下來，我將針對這兩項進一步說明。

◎預測股價動向的能力

　　這項技巧的重要性不言而喻。舉例來說，沒有汽車駕照的人，若只是有樣學樣握住方向盤，必定會發生車禍。即使有駕照，但技術不夠熟練或很少上路的人，引發事故的危險性仍然不小，因為他們在實際上路時無法輕鬆以對，導致難以正確判斷狀況，使得危險性提高。

　　股票交易也是一樣，如果能提升預測股價動向的技巧，心理上就能遊刃有餘，也能精確判斷狀況。相反地，若是技巧不夠純熟，

時常對股價動向的預測感到不安，無法心平氣和，下判斷時就會很遲鈍。在日經平均指數處於上升趨勢時，即使能短暫賺到獲利，也難以期待長期收益會增加。

　　因此，藉由本書理解基礎知識（5大關鍵字），並逐步解開以實際個股為例的問題，便能練就預測股價動向的能力。然而，我也多次提醒，無論擁有多麼出色的股價動向預測技巧，勝率都不可能達到100％。當股市變動不如預期時，應立即思考因應對策。想要將損失壓至最低並增加獲利，該採取什麼對策就相當重要。這一點將於第二項技巧中詳細說明。

◎風險管理及心理建設

　　數年前，「企業風險管理」開始廣受注目。但是，風險管理不只是企業的問題，對股票交易更是不可或缺。當初剛成為專職投資人的我，最缺乏此類管理風險和心理狀態的技巧。

　　股票交易的大忌就是股票被套牢。長期持有帳面虧損的股票，對投資來說是最危險的做法。然而，不只多數的新手投資人，就連長年進出股市的老鳥，也經常讓股票被套牢。即使股價已下跌，仍抱持著「總有一天會回升」的期待，持續持有股票，然而股價跌到只剩**買價的十分之一**，甚至繼續下探的狀況，也時有所聞。

　　本書接下來將說明，技術分析所需的基礎知識（**5大關鍵字**），以及能獲利的線圖型態，但最重要的是，一旦出現股價下跌的訊號，就必須馬上賣出持股停損。許多投資人或許會認為：「這種事還用得著說嗎？」「如果自己看得出危險訊號，當然會立刻停損。」但事實上，一旦開始交易股票，大多數的人都辦不到。

　　股市投資光是用想的與實際操作之間相差甚遠。即使在進場前想著「絕對不讓股票被套牢」，但面臨必須停損的狀況時，卻無法實踐決心。之所以會出現這樣的狀況，其實是受到心理機制的極大影響。

　　一般而言，股票上漲及下跌的機率可說是各占 50％。不過仔細思考，當股價上漲會出現什麼狀況呢？有些人只要看見股價稍微上漲，就立刻賣出股票以確保獲利，而有些人則會按兵不動，等待獲利持續成長。即使做法因人而異，但幾乎沒有人會抗拒賣出股票。我以前也是只要有利可圖就會立刻拋售股票，而且像我一樣的人好像不少。不管如何，只要有賺，就能在適當的時機賣出股票。

　　那麼，當股價下跌時，又會出現什麼狀況呢？只要實際體驗就知道，當股價下跌時，人往往無法賣出手中的股票。不只不願正視股價，甚至根本無意下定決心停損。因此，為了避免這類狀況，重要的是練就風險與心理控管的能力。

賠錢怎麼辦？你的回答透露出你適不適合投資

　　請想像一下以下情況。你購入某檔股票，當它的股價上漲 2 萬日圓，只要賣出持股將這筆獲利落袋為安相當容易。然而，要是股價下跌 2 萬日圓，你能夠毫無猶豫地賣出嗎？

　　想必多數人會認為，要是此時將股票賣掉，肯定會虧損 2 萬日圓，於是遲遲難以採取行動。甚至有不少人會對自己說：「只要等待，股價就會回來。」

　　實際上，對任何人來說，強烈抗拒停損造成的虧損，是相當正常的反應。尤其損失金額相當於一個月的薪水時，會變得更難認賠。但就在猶豫不決時，通常持股會轉而被套牢，投資人陷入進退兩難的窘境。

　　如同我之前所說，股票交易不存在 100% 的勝率。就我個人經驗而言，勝率頂多在 60% ～ 70% 左右，而敗率 30% ～ 40% 所造成的虧損，必須以勝率所產生的獲利填補，因此概算後能留在手邊的實際利益金額，大約只有 3 ～ 4 成而已。

　　或許有些人會覺得，這樣的數字稍嫌低了一些。但是，過於執著百戰百勝，忽視股價下跌的警訊，持續抱著已出現帳面虧損股票，結果只會擴大損失。**即使勝率只有 7 成，但只要謹記「盡可能提升獲利，盡全力壓低損失」，就能跟我一樣穩定獲利。**

　　此外，有些人無法正視股價下跌的現實，不切實際地期待著股價遲早會回升，還買進更多股票。像這樣不停損，卻在股價下跌時加碼買進的投資方法，稱為「逢低買進」。然而，如果持續在低點買進，對該檔股票就會過於執著，最終變得無法放手。這是股票投資人容易陷入的心理障礙之一，也是我兩度經歷重大挫敗的原因。

　　為了不再被套牢，重要的是必須穩健地實踐「盡可能提升獲利，盡全力壓低損失」的技巧。也就是說，盡早將已賠錢的股票脫手，對於有賺錢的股票則盡可能持股續抱，以增加獲利。

　　以上是我從兩次重大挫敗中整理出的理論，同時也是多數成功投資者都在實踐的做法。

圖3　你適合投資股票嗎？還是……

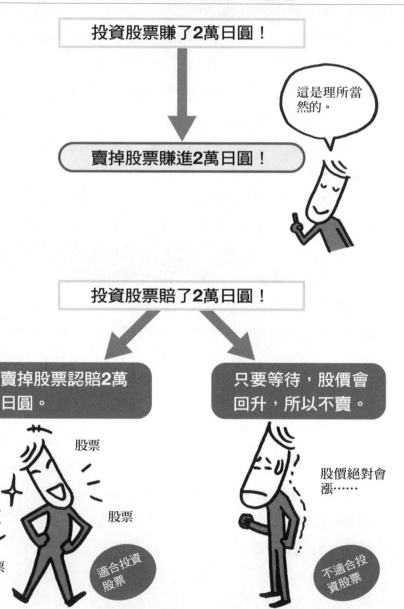

害怕停損後股價回漲？該怕的是僥倖的成功

在此，我要提出一個問題。進行股票交易時，你能容許的停損金額（停損點）是多少？2000 日圓、2 萬日圓、10 萬日圓或是 30 萬日圓？或者是更高？順帶一提，我所設定的停損金額是 20 萬日圓。還是你認為「比起停損，我連一毛錢都不想損失」呢？

我在進場前，會先設定「停利點」和「停損點」，並且盡可能遵守，如此一來就能避免投入太多本金。另外，也可將「日線中若兩條移動平均線向下彎曲時就停損」作為基準。（「日線」「移動平均線」將於 PART 1 中詳述。現在只要記得「移動平均線下彎代表股價下跌的訊號」即可）。

總而言之，停損後即使股價回穩，也不應該為此而搥胸頓足，這一點相當重要。投資人應該戒慎恐懼的，是習慣「誤打誤撞的成功經驗」。這指的是什麼呢？舉例來說，你所持有的某檔股票股價下跌，但你不希望承受損失，因此沒有停損而持股續抱。後來，該股票股價因某些因素上漲，此時你必會認定，股價如自己預測般漲了回來，沒有停損繼續抱著果然是正確的選擇。

一旦有了這樣的經驗，當下次又碰上類似的狀況時，就會不斷重複認定，既然上一次股價回漲，這次也會回升，這就是所謂的**誤打誤撞的成功經驗**。

實際上，沒有任何人能保證，下跌的股價必定會止跌或回升。要是始終根據過去的經驗抱著股票，總有一天必將碰上股價狂跌到十分之一，甚至百分之一的危險個股。為了避免這樣的狀況，應事

先設定「停損點」，當股價跌到這個價位時，關鍵在於鼓起勇氣果斷地賣出持股。

若能忠實地遵守這樣的基本概念，即使只是小額投資，也能確實地提升勝率及獲利。希望各位能像重視預測股價動向的技巧一樣，重視風險和心理管理的技巧。此外，在買股之前，請謹記務必確認以下 3 點。

❶ 投資金額是否過高。

❷ 是否仔細思考過股價走向後才進場。
（一時衝動進場絕對 NG ！）

❸ 是否單純因為股價大幅下跌而決定「買進」。

無論如何，股票交易必須身體力行，才能逐漸累積能量。首先，我們透過本書的練習題，學習掌握買賣時機的訣竅，以及熟練掌控心理狀態的技巧。

當沖獲利高但風險也高，波段賺得慢但很穩

我過去曾有一段時期放棄當專職投資人，回歸職場當散戶上班族。這麼做的理由，我在著作《股票線圖型態投資術》中另有詳述，在此就不贅言。不過，當時即使不在交易時間看股價，每個月依然可以達到約 100 萬日圓的穩定獲利。

以我目前的能力，能預測從數天到數週間，最多拉長到 1 ～ 2

個月左右的股價動向，準確率最高可達到7成左右。然後，我感受到或許人腦的極限大概也就是這樣了。既然無法100％預測出市場的動向，在能力範圍內繼續交易累積獲利才是上策。順帶一提，我使用的方法稱為「短線波段交易」（Swing Trade），買賣交易會在幾天到幾週內全數完成。

相對於此，另外還有一種近年來似乎漸趨式微的交易法，名為**「當沖」，是指在一天之內完成交易流程的方法。**由於網路交易日漸普及，股票買賣比從前變得更加容易，手續費也相對調降的關係，使得進行當沖交易的人數曾經一度攀上高峰。我在當專職投資人的時期，雖然也是以當沖作為主要交易方法，但它卻是買賣股票時最為困難的手法。

首先，請看圖1的線圖。在顯示股價變化的圖表當中，有著如同蠟燭般的圖形排列其中，這就是所謂的「K棒」，也就是將一天中的開盤價、收盤價、最高價和最低價視覺化後的圖形。雖然統稱K棒，但當中包括了長的、短的、白的、黑的，以及十字線等各種形狀，可說是相當複雜。

短線波段交易時，主要使用的是「日K線圖」。另一方面，當沖必須更加細膩地追蹤一天的股價變化，因此會使用「分K線圖」。舉例來說，如果是3分K線圖，K棒會以每3分鐘為單位顯示價格變化。光只是這些就已經相當複雜，光是用看的也看不懂的狀況也不在少數。

此外，在早盤（上午9點～11點之間的交易）上升的股價亦可能會在午盤（下午12點30分～3點之間的交易）下跌，也可能出現相反的狀況。另外，還包括早午盤均上漲或盤中均跌等狀況。由

此可知，想要預測出一整天的股價動向，掌握買賣時機獲利，其實相當困難。

所以，若要做當沖，就非得辭掉一般上班族的工作。放棄了穩定收入投入股市交易，其實會形成極大的精神壓力。雖然的確有人僅靠當沖交易的獲利過活，但這對於新手而言是有勇無謀的挑戰。相較之下，預測 1～2 個月的股價變化的短線波段交易，只要事先購入可能上漲的股票，在我看來相對容易獲利。

而且，如果能夠融會貫通基礎知識（5 大關鍵字），就能在短線波段交易中預測股價走勢。投資人一開始可先運用這個投資方法累積實力，等到能穩健提高獲利後再考慮挑戰當沖也不遲。

至於交易期間歷經數月以上，甚至無期限的「長期投資」，則是比起技術分析，更注重以基本面分析為核心。也就是說，買進具長期成長空間的企業股票，這也是股票投資最原始的做法。

但是我認為，一般的投資人想要依靠長期投資獲利並不是太容易。而且，若以波段交易為目的購入股票，當股價一旦下跌，卻以長期投資為藉口繼續持有股票而不願停損，最後讓股票被套牢的人也很多。

在短線波段交易及長期投資之間，還存在另一種以數月為期間的「中期投資」。我認為，原本要做短線波段交易的投資人，卻在持續追蹤股價變動並且增加獲利的過程中，有辦法每個月賺到一定金額，並像這樣轉做中期投資相當好。也就是說將中期投資視為短線波段交易的延伸形式，過程裡如有特別中意的投資標的，則可以長期持有，正是我的理想投資形式。

圖4 依投資期間不同，交易方式也有不同名稱

投資期間	交易方式	實際手法
1天	當沖	分析以分鐘為變動單位的線圖，並完成買賣交易的方法。適合資深股民。初學者若挑戰，可能難以獲利，且易蒙受龐大損失。
數日	短線波段交易	判讀以日線為主的線圖，並預測股價變動的方法。適合初學者及中級者，且相對而言較能穩定獲利。
數月	中期投資	由短線波段交易延伸應用的方法。當股價上漲時，不立刻賣股落袋為安，而是盡可能讓股價成長，以期更大獲利。
無期限	長期投資	以基本面分析為核心的投資方法。困難點在於，10～20年後的股價相當難以預測。

投資期間短

投資期間長

市場很任性，你得主動學著適應

　　無論再怎麼忠於基礎知識進行預測，股市依然往往不會順著自己的心意變動，也可能一不留意，股價變動就越來越大。「到昨天為止明明都還很正常，怎麼突然就發生這麼大的變化？」這樣的狀況可說是家常便飯。

　　其實，股市就像是一個性格陰晴不定的人。即使投資人發怒抱怨：「市場為什麼就是這麼任性！」也無法讓獲利成長。投資人真正應該做的是：徹底地讓自己適應不受控制的股市。

　　應該停損時就果斷停損，如果必須變更投資策略，就迅速轉換心情，這才是在股市中勝出的關鍵。想法越是柔軟有彈性的人，往往越能在股市中持續獲利，而始終堅持己見、不知變通的人則會失敗。所謂的股市交易就是這樣的一個世界。

　　有時候，明明想要靈活應對，卻往往在不自覺間陷入惡性循環。舉例來說，剛開始交易時期的狀況也會影響投資人的行動。在我以當沖為主，展開投資活動的 1999 年底，正好碰上股市行情開始走低。即使分析線圖，也都是處於下降趨勢的個股。我起初學習的投資法，多半是瞄準大跌反彈的股票（止跌回升）進行賣空（信用交易的一種）。

　　另一方面，在 2005 年下半年，乘著上升趨勢進場的投資人，則多半喜歡在上升趨勢中，買在股價暫時下挫時的手法。但是，過於拘泥某種特定的投資方法，往往會成為導致失敗的原因。冷靜地觀察自己採取的行動，並因應市場修正投資模式，才是投資人不可或

缺的要素。

　　上升趨勢、下降趨勢、盤整趨勢等，都是股市中可能出現的行情走勢。投資人必須敏銳地觀察股市變化，因應各種局面擬定策略，並隨時保持適應股市的心態。

想迴避投資風險？必須花時間研究標的

　　想要掌握股市整體行情，並迴避投資風險，訣竅在於勤於研究投資標的。我雖然十分清楚這一點，但過去也曾因為操盤順遂，並取得一定獲利，而怠於持續研究投資標的。當走勢不如預期時，就一股腦地大買股票，或是緊抱著下跌的股票不放，導致更大的損失。

　　在這種狀況下，由於怠於研究個股，常常過度執著於已失去熱度的標的。相反地，如果鑽研個股，既能找出前瞻性的新投資標的，又可以理解手中持股的狀況、股市整體的行情，進而迴避風險。以我本身為例，以下 3 點是研究股票的依循標準。

❶ 每個月閱讀「股價線圖手冊」1 次以上，以確認所有股票的狀況。

❷ 每個禮拜確認「股票排行」與「過去交易股票」1 次以上。

❸ 每天檢視 1 次目前正在交易當中的股票。

　　特別是「考慮是否操作的股票」和「目前手中持有的股票」，建議應當將其設定成隨時可透過網路檢視狀況，並盡量以 **2 ～ 3 天**

一次的頻率確認股價動向。

充分運用大盤指數，順勢而為做交易

有時候，即使看著某檔股票的線圖，也無法預測股價的動向。這一點將在 PART 1 詳加說明。不過，線圖型態包括「N 字型」和「M 字型」，是因為形狀近似英文字母的「N」和「M」而得名。

但是，N 字型和 M 字型的線圖中，股價的走向恰好相反。前者表示股價呈上升趨勢，後者則表示股價將進入下跌趨勢。然而，每一檔股票究竟會形成 N 字型持續上漲，或是形成「M 字型」而走向谷底，許多時候都令人難以預測。這時候，日經平均指數線圖就能派上用場。

日經平均指數是由日本經濟新聞社，以東證 1 部 225 檔股票的股價，計算出的股價指數，也是顯示股市整體動向的指數。只要將其做為參考，就能把握住股市大致的動向。

實際上，個別股票的走向大致上與整體指數相同。也就是說，當整體指數上揚時，個別標的會跟著上漲；當整體指數下跌時，個別標的則會開始下跌。當個別標的隨著日經平均指數變化時，有時會出現個股的變化較快，日經平均指數在後頭追趕的狀況。但不管怎樣，兩者之間的變化會十分接近。

但必須注意的是，並非所有投資標的都與日經平均指數連動。有的個股在日經平均指數上揚時卻下跌，有的個股在日經平均指數下跌時反而上升。其中細節將在練習問題當中詳細說明。

觀察線圖時，你看的是「樹」還是「林」？

有句諺語說「見樹不見林」，指的是注意力全放在相對較小的事物上，而忘記綜觀全局。當投資人過於重視個別標的而忽略整體指數時，就會如同諺語所指出的問題一樣。因此，投資人應該「見林再見樹」，也就是先掌握市場整體動向，再檢視個別標的，就能提高預測的精準度。

不過，可作為指標運用的整體指數，不是只有日經平均指數。代表新興市場的 **JASDAQ**、**東證 Mothers**、**大證 Hercules 這三大指標動向也相當重要。**

舉例來說，2006 年的新興股票市場處於下降趨勢，如果只看樹木而忽略森林，就會因為股價處於低點，正是進場的好時機，而將資金投入新興市場股票，結果慘遭滑鐵盧。

若能先確認整體指數持續下跌，應該就不會只因為便宜而出手了。只要理解股票基礎知識和線圖型態，便能精準地選出下降趨勢中出現上漲訊號的股票。為了做到這一點，關鍵在於掌握市場整體動向。

另外，掌握新興股票市場動向，還有另一項優點。隨著時期不同，日經平均指數下跌時，新興股票市場可能正在上漲。由於東證一部的狀況不佳，改買新興股票的投資人增加了，使得資金開始流入該市場。

為了掌握諸如此類的市場動向，應該把握新興股票市場的指數。

這也是讓自己適應股市的做法之一。如果因為不喜歡新興股票，或者不擅長操作這類股票等理由，而無視它，反而會讓機會從眼前溜走。

　　同樣地，面對美國的股市指數時，也應該摒棄個人好惡。特別是紐約道瓊工業指數（在紐約證券交易所上市的 30 檔工業類股平均股價）和那斯達克綜合指數（店頭市場），更是不可忽略的重要指標。美國經濟對股市具有龐大影響力已是不爭的事實，因此若想要從交易中獲利，就別說「美國股市和我們沒關係」，而應該讓自己配合並適應市場。

　　實際上，在 2007 年，美國的次級房貸風暴（美國金融機構提供給信用不良對象的房屋貸款）延燒，導致紐約道瓊工業指數下跌，連帶影響日經平均指數價格下探。

　　本書在進入個股的練習題之前，也提供日經平均指數線圖判讀方式的練習題。各位熟練之後，不妨試著檢視新興股票市場和美國股市的整體指數。

要靠股票賺大錢，獲利流程有 4 步驟

　　請見右頁圖表，這是在股市中邁向成功的流程。如果欠缺其中任何一項，交易就絕對無法成功。如同飛機零件缺一不可，一旦少了任何一樣，恐怕會發生難以挽回的嚴重事故。

　　「絕不可能百戰百勝，7 成的勝率已是人腦的極限。」

　　「過度拘泥於某一種投資方法會導致失敗。」

「檢視新興股票市場和美國股市的整體指數。」

以上重點都已在本章中說明完畢，而本書的核心在於「重視基礎」。

在 PART 1 中，我會詳細說明 5 大關鍵字和股價線圖型態，並透過解答各種練習題的方式，讓各位實際操作。PART 2 前半的問題可能會讓人懷疑：「問題這麼簡單，真的學得到東西嗎？」但隨著頁數增加，問題也會越來越難。

另外，與個股有關的練習題，是使用我曾經買賣過的股票線圖。當中包括了我曾遭遇挫敗的案例，期盼各位能將其作為參考，並且避免犯下同樣的錯誤。

為了在股市交易中創造出成果，
首先應理解股市的「真面目」和「架構」。

▼

理解5大關鍵字（基礎知識）

❶ 趨勢線
❷ 成交量
❸ 支撐線和壓力線
❹ K棒
❺ 移動平均線

▼

徹底讀懂日經平均股價指數

▼

決定「停利點」與「停損點」

▼

理解並熟記會獲利的線圖型態

序章　重點整理

☑ 掌握技術分析 5 大關鍵字，並以此為本，無論任何狀況下都能預測股價的動向。

☑ 股票交易必須具備兩項技巧：**預測股票動向，以及風險管理和心理建設。**

☑ 股票交易不可能達到 100％的勝率，如果過於執著百戰百勝而忽略下跌的警訊，持續抱著已出現帳面虧損的股票，反而會擴大損失。

☑ 進場前先設定**停利點**和**停損點**，並盡可能遵守，如此一來就能避免投入太多本金。

☑ 買股前請務必確認：投資金額是否過高；是否仔細思考過股價走向後進場；是否因為股價大幅下跌才決定買進。

☑ 想要掌握股市整體行情，並迴避投資風險，訣竅在於勤於研究投資標的。

☑ 千萬謹記**見樹也要見林！**在重視個別標的的同時，也要注意整體股價指數，才能提高預測的精準度。

編輯部整理

我的投資筆記

我的投資筆記

我的投資筆記

看懂「K線矩陣」5大關鍵字，
抓準趨勢與買賣點

股價線圖的參考書中，往往充滿了艱澀難懂的專業詞彙，
例如：葛蘭碧八大法則、擺動量、隨機震盪指數等。但
在本書當中，只需學會 PART 1 解說的 5 大關鍵字，就
能提高獲利的可能性。

分析線圖，看準趨勢、轉折與關鍵價位

關鍵字① 觀察「趨勢線」瞭解股價動向！

第一個關鍵字是「趨勢線」，指的是投資人親手在線圖上繪出的輔助線，可藉此檢視股價動向及變化趨勢。

趨勢線基本上是由高點與高點連接，及低點與低點連接所拉出的兩條線。畫線時，可以無視 K 棒的影線（參考圖 12）。不論是高點或低點，都必須要找出兩點才能連成一線，請不妨先動手畫畫看，不要在意畫出的線是否歪曲，因為比起畫出平順的線，**更重要的是藉由趨勢線瞭解股價趨勢**。

雖然股價經常會上下波動，但趨勢仍逐步上升的話稱為「上升趨勢」，特徵在於高點和低點均會同步上升。當趨勢線顯示股價正處於上升狀態時，即可判斷該趨勢將會持續下去。另一方面，當股價處於下跌狀態時則稱為「下降趨勢」，特徵在於高點和低點均會同步下跌。當趨勢線顯示股價正處於下跌趨勢時，即可判斷該趨勢仍會持續一陣子。

此外，趨勢線還具有切換股價動向的功能。舉例來說，當市場處於下跌趨勢時，**股價只要能夠突破趨勢線（如圖 6 上方的 A 點），該價位就相對容易成為止跌回升的切換點，也就是買點。而當股價**

圖5　從趨勢線看買點！

上升趨勢

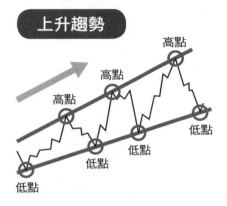

能在低點買進、高點賣出，就能順利獲利。

下降趨勢

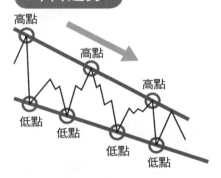

或許再稍微觀望一陣子比較好。

橫向趨勢（盤整）

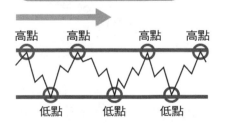

必須穩紮穩打低點買進，高點賣出。

圖6　趨勢線具備轉換股價動向的功能！

下降趨勢中的買點是？

下降趨勢中，若低點之間不易連結，
也可以只連結高點與高點。

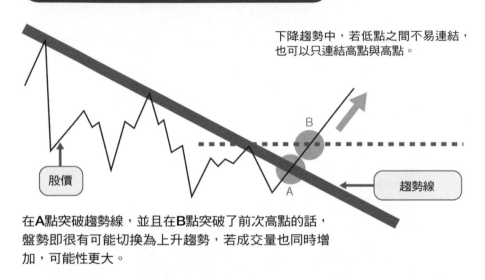

股價

趨勢線

在**A**點突破趨勢線，並且在**B**點突破了前次高點的話，
盤勢即很有可能切換為上升趨勢，若成交量也同時增
加，可能性更大。

上升趨勢中的賣點是？

上升趨勢中，若高點之間不易連結，也可
以只連結低點與低點。

趨勢線

股價

在**A**點跌破趨勢線，並且在**B**點跌破了前次低
點的話，盤勢就很有可能切換為下降趨勢。

繼續上揚，並**突破前一次的高點（如圖6上方的B點）時，很有希望進入上升趨勢**。

當股價處於上升趨勢時，若在不改變趨勢線走向的情況下跌破（如圖6下方的A點），可以預測接下來可能進入下降趨勢。**此外，若股價跌破前次的低點（如圖6下方的B點），趨勢反轉下降的可能性就更高。**當下降趨勢成形，即使股價上升，也多半會被壓在趨勢線之下。**因此，當股價跌破趨勢線時，就是賣點。**

隨著股價變動方式不同，有時也可能無法順利畫出趨勢線。這時候，若線圖呈現上升趨勢，可取低點連線；若處於下降趨勢，可連結高點畫線。另外，再多畫出一條線與趨勢線平行（若是上升趨勢畫在高點位置，若是下跌趨勢則通過低點）。要是無法順利畫出

圖7　趨勢線很難拉時，用「層」的角度檢視線圖

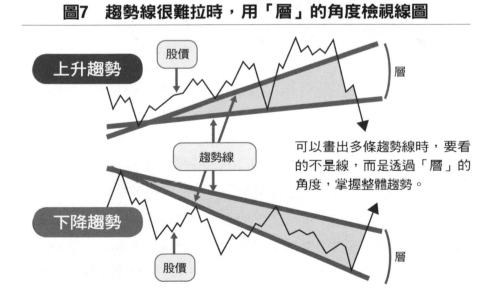

上升趨勢

股價

下降趨勢

股價

趨勢線

層

層

可以畫出多條趨勢線時，要看的不是線，而是透過「層」的角度，掌握整體趨勢。

第二條線，只有原本的第一條線也可以。

相反地，有時候可能畫出好幾條趨勢線。那麼，在檢視線圖的過程不要看線，而是改以「層」的角度掌握整體股價走向。

關鍵字② 從「成交量」看透買點

第 2 個關鍵字是「成交量」，表示在證券交易所裡買賣成立的股票數目，而「買賣成立」指的是「賣出」和「買進」股票的希望價格一致。成交量會顯示在線圖下方的柱狀圖上。當某檔股票備受矚目且買賣交易頻繁時，成交量就會增加，情況相反時成交量便減少。也就是說：

◎成交量增加＝股票備受關注
◎成交量減少＝股票失去魅力

影響股價的因素相當多，但支撐股票市場持續運作的原動力，毫無疑問正是投資人和交易員進行的買賣行為。因此，成交量亦可視為**拉抬股票行情的能量**。當成交量增加時，即可判斷產生「上升能量」，成交量不多的話，即可知道股市正處於「休息狀態」。

在此需特別注意的是**成交量急速上升**的狀況。當股價下跌並進入低檔區間時，若成交量急速增加，且股價也跟著抬升，則可視為**資金流入且開始進入上升趨勢的訊號**。由於投資人開始進場，股價產生上升能量，因此才有可能谷底反彈（「底」指的股價持續跌落

圖8　成交量的組成

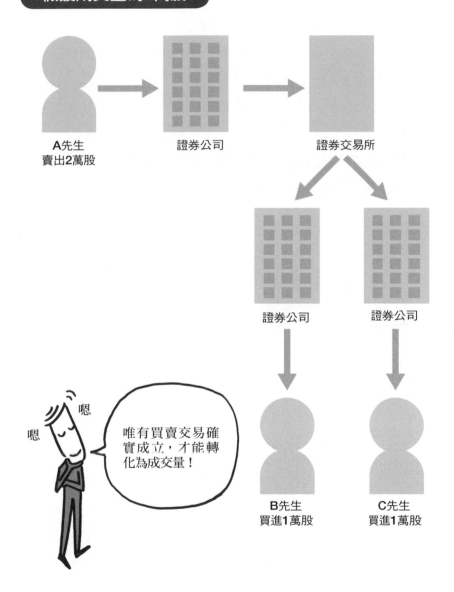

假設成交量為2萬股

A先生
賣出2萬股

證券公司

證券交易所

證券公司

證券公司

唯有買賣交易確實成立，才能轉化為成交量！

B先生
買進1萬股

C先生
買進1萬股

達到的最低價）。

　　相反地，當股價上升並進入高檔區間時，若發現成交量急速增加，則必須提高警戒，因為這很可能是股票過熱產生的觸頂訊號（「頂」指的是股價的高點，且不會再上升）。

　　因此，當成交量急速增加後開始下跌時，即可視為資金已開始退場，很可能已經進入了下跌趨勢。

　　檢視成交量時，應注意以下兩點。

◎成交量在低檔區間急速增加＝表示進場訊號
◎成交量在高檔區間急速增加＝表示退場或警戒訊號

圖9　檢視成交量瞭解股價動向

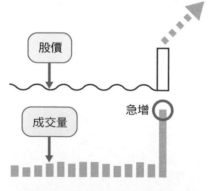

預測為上升趨勢

股價在低檔時，若成交量急速增加，可視為股價將上漲的訊號。

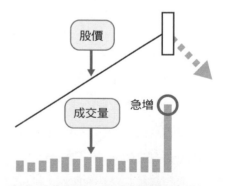

預測為下降趨勢

股價在高檔時，若成交量急速增加，可視為股價將下跌的訊號。

　　在本書後半，也有成交量相關的練習。雖然判讀成交量的方法相當簡單，光是用看的就能理解，但它在預測股價變化上還是相當重要。因為**成交量會比股價更快一步變化**，在成交量急增時買股票，雖然有機會在短期間碰到股價大幅上漲，但如果股價已接近最高點，則可能碰到高點進場而被套牢的危險。當然，光靠成交量無法 100％判讀股價動向，但是密切關注成交量變化，就可能確實提高勝率。

關鍵字 ③	用「支撐線」和「壓力線」，預測股價是否上升

　　第 3 個關鍵字是「支撐線」及「壓力線」。和趨勢線相同，這兩種線都是投資人自己畫的橫向線條。

　　支撐線是**以股價曾數度轉為上升趨勢的切換點為基點，將其相互連結所繪出的線**（如圖 10 的 A 點）。另外，若今後股價跌落至該點，也可以判斷將有機會由此處再次反彈回升。

　　舉例來說，當股價在某段期間在一定價格區間盤整，而後轉為上升趨勢時，先前猶豫不決而錯失在該區間進場的投資人，往往會因心理效應，在股價再度跌落到支撐線水平時進場（「盤整」是指股價僅有些微波動，且反覆漲跌的狀態）。所以，股價實際跌落到該基點時，由於買盤增加，通常會在此得到支撐而止跌，因此該線被稱為「支撐線」。

　　壓力線則是**以股價曾數度轉為下跌趨勢的切換點為基點，將其相互連結所繪出的線**（如圖 10 的 B 點）。若今後股價上漲至該點，

也可以判斷將有機會由該點再次停漲回檔。當股價在某段期間盤整，而後轉為下跌趨勢時，買在高於壓力線的投資人將會背負未實現的虧損（潛在損失）。

但是，由於多數人抱持著不希望虧損的心理，往往無法在此階段果斷停損，認為即使最後不賺不賠也好，至少要等到股價反彈回來才要脫手。在多數投資人都抱持相同想法的狀況下，當股價回升到原本的水準時，賣壓就會隨之增強，使得股價再次轉而下跌。也就是說，由於股價不會超出此線，這個價位才會成為壓力線所在。

由此可知，真的有容易使股價動向反轉的價位。此外，伴隨成交量急速增加出現的高點及低點價位，也是投資人應注意的重點。**當股價上升至歷史高點時，賣壓會增加，而跌落至歷史低點時，則買盤會隨之增加**。所以，以過去高點、低點或盤整時的股價，而畫出來的支撐線及壓力線，在預測股價上相當有效。

雖然趨勢線呈斜線，但支撐線和壓力線是水平橫線。投資人及交易員雖然知道要畫出斜線，卻大多不清楚也要畫出橫線，希望各位能牢記橫線代表的就是支撐線和壓力線。

而且，當股價在支撐與壓力的價位反轉，並伴隨成交量增加的情況越頻繁，支撐線和壓力線**將越能發揮功能**。因此，當股價下跌至充分發揮效果的支撐線時，將會出現強大買盤；當股價上漲至壓力線時，將會出現**強大賣壓**。

還有一件事希望各位銘記於心。支撐線和壓力線並非固定不變，也就是說，**支撐線可能會變成壓力線，同樣地壓力線也有可能成為支撐線**。

當股價處於上升趨勢時，包括過去高點等漲跌震盪的價位都會

抑制股價上漲，進而生成壓力線。但是，當股價突破壓力線後卻下
跌時，常常會在原先的壓力線止跌，如此一來這條線就成為支撐線。
也就是說，即使是同一條線，依據視角不同，可能會有支撐線和壓
力線兩種解讀方法。

　　**支撐線和壓力線互換的時機點，在股價上升並突破壓力線，或
股價下跌並跌破支撐線時**。在股價漲破壓力線後，即使再次下跌，
也容易在過去的壓力線止跌回升。這就是壓力線轉換為支撐線的狀
況。在股價跌破支撐線後，即使再次上漲，也難以跨越過去的支撐
線。這就是支撐線轉換為壓力線的狀況。

　　以上兩種狀況請務必銘記於心。如果無法理解單一條線具備兩
種功能，在研判股價動向時很可能出錯。因此，當股價突破支撐線
或壓力線時，務必密切注意之後的股價變化。支撐線與壓力線就和

圖10　支撐線及壓力線的作用

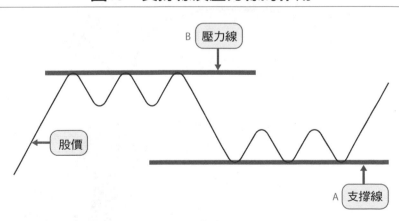

務必要在股價出現反轉時，以橫線連結成一線。

圖11　支撐線和壓力線有可能角色互換

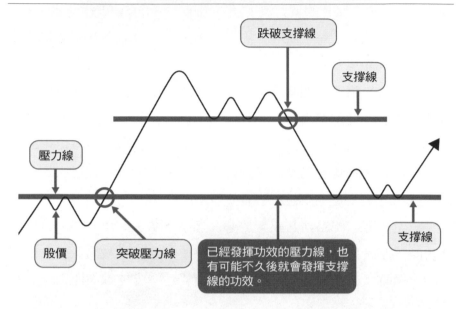

股價突破壓力線之後，即使未來價格下跌，該壓力線亦能轉為支撐線的角色，
股價就在該價位反轉。

趨勢線相同，容易成為股價反轉的起點，所以務必養成親手畫線的習慣。

　　支撐線和壓力線在許多狀況下，經常能發揮長效性的功能。因此當投資人產生「為什麼股價會在這個區間被壓回？」「股價怎麼都跌不下來？」等疑問時，不妨從股價線圖中，找出過去畫的支撐線和壓力線，往往可發現兩者仍持續發揮作用，就可藉此解開當前的疑惑。

　　練習題中也提出了相關的練習，請藉由實際解題記住用法。想要確實掌握買賣點，支撐線及壓力線相當重要。為了提高勝率，一定要將其納入分析工具之一。

關鍵字 ④	**透過「Ｋ棒」判斷股市走勢**

　　第4個關鍵字是「Ｋ棒」，它顯示了一整天的股市走向，同時也是線圖的基本構成要素。Ｋ棒由四角形的主體（實體）以及線條（影線）構成。主體的上緣和下緣，分別顯示了當天的開盤價及收盤價。**開盤價指的是交易時間中的第一筆成交價格**，也稱為開市價。而**收盤價則是交易時間中的最後一筆成交價格**，又稱為收市價。

　　位於主體上方的影線稱為「上影線」，表示交易時間中的股價高點。下方的影線則稱為「下影線」，表示交易時間中的股價低點。主體部份為白色的稱為「陽線」，黑色則稱為「陰線」。

　　陽線的主體下緣為開盤價，上緣則為收盤價，表示從開盤到收盤間股價呈現上升趨勢。陰線的主體上緣為開盤價，下緣則為收盤

價，表示從開盤到收盤間股價呈現下降趨勢。

　　K 棒隨著股價動向差異，會呈現多種不同的型態，以下列舉幾個具代表性的型態及其特徵。

❶ 十字線：開盤價與收盤價一致，使得實體為單一線條。

❷ 無下影線的陽線：表示開盤價為最低價。

❸ 沒有影線的陽線：表示股價持續維持上升趨勢。

❹ 蜻蜓線：開盤（開始交易）後股價一度下跌，但之後由於拉回開盤價，上影線並無實體，而呈現 T 字型。

圖12　　K棒的組成結構

股價上升時	股價下跌時

陽線

最高價
上影線
收盤價
開盤價
下影線
最低價

陰線

最高價
上影線
開盤價
收盤價
下影線
最低價

※股市交易時間為上午9點～下午3點（上午11點～中午12點半為休息時間）

註5：台股的交易時間為上午 9 點～下午 1 點 30 分。

圖13　主要的K棒代表的意義

可看出陽線K棒出現漲勢，陰線K棒則無。

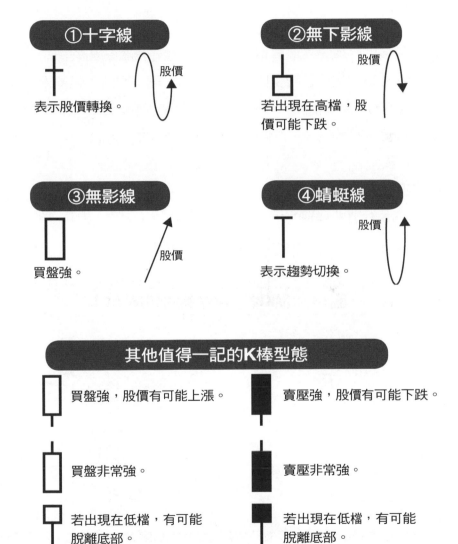

①十字線

表示股價轉換。　股價

②無下影線

若出現在高檔，股價可能下跌。　股價

③無影線

買盤強。　股價

④蜻蜓線

表示趨勢切換。　股價

其他值得一記的K棒型態

買盤強，股價有可能上漲。

賣壓強，股價有可能下跌。

買盤非常強。

賣壓非常強。

若出現在低檔，有可能脫離底部。

若出現在低檔，有可能脫離底部。

接著，將說明用於預測股價動向的 K 棒型態。

◎大陽線

　　從 K 棒的實體長度，可觀測出股價行情的走勢強弱。「大陽線」是指較長的陽線，表示買單不斷進場，使市場展現出強勢的上升能量。在低檔或盤整區間後若出現大陽線，即可判斷已經進入上升趨勢（A）的可能性很高。但是，在股價持續上升後若出現大陽線，則表示行情可能過熱，並且有開始下跌的危險性（C）。

◎跳空急漲

　　當 K 棒並非連續並排，而是變動時出現了空隙，稱為「跳空」。

圖14　從K棒了解趨勢的切換（1）

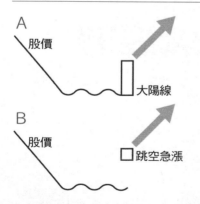

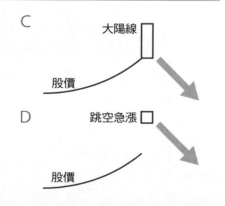

在低檔區間出現大陽線，股價又跳空急漲時，之後將可能進入上升趨勢。

在股價上漲時出現大陽線，股價又跳空急漲時，之後將可能進入下降趨勢。

如同開了一個缺口般，股價急速上升（跳空急漲）的狀態，代表市場具備強大的上升能量。此時可判斷買盤強勢湧入，使得股價宛如開了個缺口似地飆升。所以在低檔或盤整後，若碰上跳空急漲的狀況，可視為股市即將進入上升趨勢的信號（B）。但是，若在股價持續上升之後才碰上跳空急漲，則可能是市場行情過熱，接下來將很可能反轉進入下降趨勢，因此需格外注意（D）。

◎大陰線

　　「大陰線」是指較長的陰線，表示市場展現出強大的下跌能量。在高檔或盤整區間後若出現大陰線，即為股市將進入下跌趨勢的訊號（E）。相反地，若出現在股價持續下跌後，則代表下降趨勢即將

圖15　從K棒了解趨勢的切換（2）

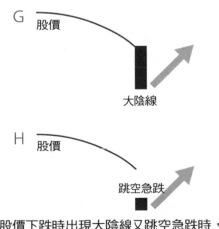

E		G
大陰線		股價　大陰線
股價		

F		H
跳空急跌		股價　跳空急跌
股價		

高檔區間出現大陰線股價又跳空急跌時，進入下降趨勢的可能性較高。

股價下跌時出現大陰線又跳空急跌時，之後進入上升趨勢的可能性較高。

告終，接下來將回到上升趨勢（G）。

◎跳空急跌

當下方出現缺口且股價急速滑落（跳空急跌），表示強大的下跌能量。在高檔或盤整區間後若出現跳空急跌，即代表股市有崩盤的危險（F）。另一方面，若出現在股價持續下跌後，則可預測股市將會進入上升趨勢（H）。

◎長上影線

表示股價將可能從急漲轉為急跌。若出現在股價持續上升後，可視為已進入下降趨勢的訊號（I）。此外，當大陽線和大陰線並排

圖16　從K棒了解趨勢的切換（3）

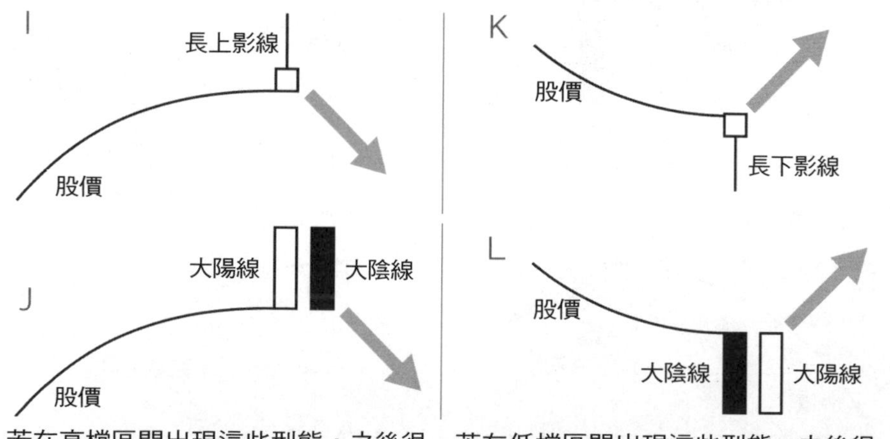

若在高檔區間出現這些型態，之後很有可能進入下降趨勢。

若在低檔區間出現這些型態，之後很有可能進入上升趨勢。

出現時，表示股價可能從急漲轉為急跌，因此和長上影線出現時相同，可視為股市已進入下降趨勢的訊號（J）。

◎長下影線

表示股價將可能從急跌轉為急漲。若出現在股價持續下跌後，表示在急跌後新的買盤已經湧入，使股價得以回升，因此可判斷股價將會回到上升趨勢（K）。若股價急跌後大陰線和大陽線並排出現，表示股價將可能從急跌轉為急漲，因此和長下影線出現時相同，可作為判斷股市已進入上升趨勢的訊號（L）。

關鍵字⑤	藉由「移動平均線」把握買賣點

第5個關鍵字是「移動平均線」，幾乎可見於所有的線圖之中。此線表示一定期間內股價的平均值，用於檢視趨勢。

所謂移動平均線，是以「波動」掌握股價趨勢。由於此線便於理解，因此許多投資人或交易員都會參考。當然，投資時可參考的工具並非只有移動平均線，只要納入前述4個關鍵字加以整合運用，就能達成準確率更高的預測。

移動平均線的涵蓋期間各有不同。如日線圖（以一日為單位的股價動向）就包括5日、25日、75日，而週線圖（以一週為單位的股價動向）則以13週、26週的移動平均線較為常見。舉例來說，所謂5日移動平均線，是將每天的「過去5天收盤價平均值」，相互連結後所得的曲線。由於取的是每日上下變動的股價平均值，更

容易藉此掌握股價趨勢。

一般而言，投資人會同時運用短、中及長期的移動平均線，觀察股價大致的變化。5 日以及 25 日的移動平均線表示短期的股價趨勢，而 13 週及 26 週的移動平均線則表示中長期的股價趨勢。

我會用日線圖掌握短期的股價變化，週線圖則用來掌握較長期的股價變化。前者以 **5 日和 25 日的移動平均線為主**，而後者則主要**檢視 13 週和 26 週的移動平均線**。本書練習題使用的是日線圖，首先請試著觀察 5 日和 25 日的移動平均線，再逐步學習如何預測未來數日至 2 ～ 3 月的股價動向。

移動平均線的特徵在於：**①可顯示股價趨勢、②容易找出股價的反轉點、③當股價背離（過度遠離）移動平均線時，拉回力道會發揮作用**。由於移動平均線為平均股價畫出的曲線，因此股價的軌跡和移動平均線幾乎雷同。當股價處於上升趨勢時，股價會高於移動平均線，或移動平均線會向上偏移。而股價處於下降趨勢時則正好相反。

從特徵②的「股價反轉點」來看，可發現股價下跌時，在**移動平均線反彈**的可能性較高，因此可視為買點。

另一方面，當股價上升時，可預測**將會在移動平均線回檔**，因此可視為賣點。

此外，當股價大幅遠離移動平均線時，將其拉回的力道即會發揮作用，使得股價往移動平均線的方向靠攏。

因此，**當股價向上大幅偏離移動平均線時，可判斷這是接下來股價將下跌的賣出訊號**。相反地，**當股價向下大幅偏離移動平均線時，則可判斷此為買進的訊號**。

圖17　移動平均線的特徵

> 移動平均線＝將股價變動化為平均值，用以表示趨勢的曲線。

5日移動平均線是由以下公式算出的數字連成的線

過去5天的收盤價平均值 $=$ $\dfrac{當天收盤價＋1天前收盤價＋\cdots\cdots＋4天前收盤價}{5}$

25日移動平均線是由以下公式算出的數字連成的線

過去25天的收盤價平均值 $=$ $\dfrac{當天收盤價＋1天前收盤價＋\cdots\cdots＋24天前收盤價}{25}$

移動平均線的種類

日線趨勢圖
● 5日移動平均線：表示極短期的股價趨勢（本書以細線表示）
● 25日移動平均線：表示短期的股價趨勢（本書以粗線表示）

週線趨勢圖
● 13週移動平均線：表示中期的股價趨勢
● 26週移動平均線：表示長期的股價趨勢

　　只要將以上變化狀況搭配成交量的動向檢視，即可讓效果更為顯著。當股價大幅地向下背離移動平均線時，若發現成交量急速增加，則可判斷股價很有可能開始朝向移動平均線上升。

　　不只是移動平均線和股價之間有關聯，檢視一段期間中兩條相異的移動平均線如何交叉（交錯），也能夠預測股價的動向。

　　交叉的模式包括「黃金交叉」和「死亡交叉」兩種。

　　以短期的狀況為例說明，黃金交叉指的是 5 日移動平均線上升的同時，由下往上穿越 25 日平均線的狀態。這表示今後股價上升的可能性很高，也代表可**買進的訊號**。

　　死亡交叉則是指 5 日移動平均線下降的同時，由上往下穿越 25 日平均線的狀態。這個狀況則表示股價會下跌，也就是**賣點**。

圖18　需熟記的移動平均線特徵

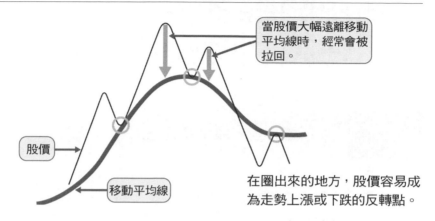

當股價大幅遠離移動平均線時，經常會被拉回。

股價

移動平均線

在圈出來的地方，股價容易成為走勢上漲或下跌的反轉點。

圖19　不要錯過移動平均線的交叉！

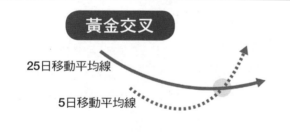

黃金交叉

25日移動平均線

5日移動平均線

當5日移動平均線由下往上，穿越25日移動平均線時。

死亡交叉

5日移動平均線

25日移動平均線

當5日平均移動線由上往下，穿越25日移動平均線時。

活用關鍵字，
抓住獲利時機不漏接

① 低檔有量，股價容易往上爬

本節將運用先前解說的 5 大關鍵字，並進一步透過練習，找出能確實獲利的 5 種線圖型態。

首先第一種是「股價脫離低檔上揚伴隨成交量急增」。此型態和前述的 5 大關鍵字中詳細說明過的「成交量」（參考 P.50），有密切的關連。

這個獲利模式本來就最容易理解也最有效，由於這也是我平時最常使用的，因此希望能詳加說明。

當股價開始下跌時，許多投資人或交易員常會跟著開始思考是否要準備進場。因此，**成交量往往會在這樣的狀況下急速增加，股價也會隨之逐漸爬升**，這代表許多投資人開始進場了。

另外，他們也可能是從個股公司的相關消息，判斷出今後股價發展樂觀，才投入了大筆資金。

當原本位於低檔的股價，突然因成交量急增而使股價上升時，背後往往存在著這類推動股價進入上升趨勢的重要因素。而發現股價出現此變動時，務必加以確認並找出適當的進場時機。

② 盤整蓄積的能量，會在突破或跌破時爆發

當股價上下波動並維持盤整時，既不屬於上升也不是下降趨勢。不過，當股價持續上下震盪時，股價可說是進入休息狀態，但其實也可視為正在累積**向上或下的能量**。

只要脫離這個狀態，先前蓄積的能量**就會朝著脫離的方向移動**。因此，當股價從盤整趨勢向上爬升（突破）時，可以判斷上升走勢會持續一段時間，也代表進場訊號。

當股價將突破盤整趨勢時，**成交量增加的幅度越高**，抬升股價的能量就越強。這一點請務必謹記在心。

圖20 確認突破盤整區間的變動狀況！

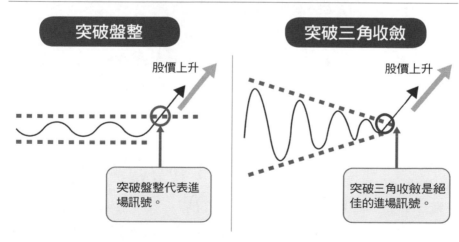

股價的盤整及三角收斂，都表示能量正在蓄積中。

　　此外，盤整趨勢還有另外一種「三角收斂」形式。指的是股價上下擺動的幅度逐漸縮小，並在形成三角形的狀態下上下震盪。三角收斂有各種不同形式，請見圖 21。

　　「突破三角收斂」是指股價向上突破連接高點的線。此時容易產生大量的上升能量，另外當上下擺動的幅度越小，蓄積的能量也就越大。也就是說，突破三角收斂也是進場的訊號。

　　和突破的狀況相反，當盤整震盪時股價向下穿越稱為「跌破」。三角收斂狀態下的跌破，則是**指股價穿越連結低點的線**。

　　若股價跌破盤整區間時，**下跌趨勢將會持續一段時間**，這表示該賣出退場的訊號。

圖21　　三角收斂的4種模式

股價高點不斷下探，但低點卻逐漸上揚。

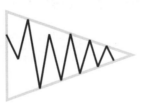

只有股價高點不斷下探。

只有股價低點逐漸上揚。

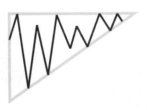

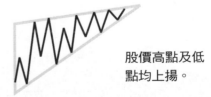

股價高點及低點均上揚。

③ 當股價急漲後又盤整，更要注意股價變化

結合線圖型態 1 和 2 後出現的動態，就是「急漲後突破高檔盤整趨勢」。

在股價急漲時的線圖動態，正如關鍵字④「K 棒」項目的說明一樣，在低檔區間共有大陽線和跳空急漲兩種模式，而這兩個呈現的是許多投資人注入了資金。股價之所以會在急漲後盤整，不妨視為在猛烈衝刺後稍做休息，藉此調整呼吸的狀態。

當股價急漲後於**高檔盤整**時，投資人應關注其動向。之後若出現**突破**，就幾乎能確定是該**買進的訊號**了。

圖22 能夠獲利的突破模式

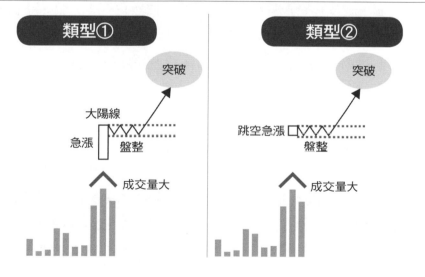

④ W 底呈現反彈，但是股價過頸線才可買

「W 底」是指在股價下跌之後連續兩次創下低點的型態。由於形成如同英文字母「W」的形狀，所以稱作「W 底」。此為股價在連續兩次觸及底（指股價低點，且表示不會再下跌）後，開始谷底反彈的模式。

就我至今的經驗而言，只要善加運用 W 底擬定交易策略，就能確實地提高勝率。這個型態的買點就在股價突破**頸線**時，也就是兩個低點間反彈時觸及的高點價位。

股價在創下第 2 次低點後如果突破了頸線，表示 W 底已成形，進場的訊號也已顯現。如果在突破頸線時成交量忽然大增，代表背後蓄積了強大的上漲能量，因此可預測股價應會繼續上升。

但是，在確認股價已確實跨越頸線之前，應避免輕易進場才是賢明之舉。因為在尚未跨越頸線前，股價依然有可能突然反轉下跌。

此外，當 W 底完成時，投資人也可多少藉此預測出股價上漲的幅度。詳細內容將於之後的練習問題當中說明，一般而言，首要獲利目標，是突破頸線上漲的幅度，至少等同於 W 底低點到頸線的價格。

不過，還有另一種與 W 底正好相反的「M 頭」型態。它和 W 底恰好相對，代表的是該出場的訊號，在此一併說明以作為參考。

M 頭是兩個高點並列構成的形狀。**當股價跌破位於兩個高點之間的低點價位時**，M 頭就完成了，這屬於股價下跌可能性較高的線圖型態。若在高檔出現這樣的圖形，請將它判斷為**賣出訊號**。

圖23　能獲利的W底及要注意的M頭型態

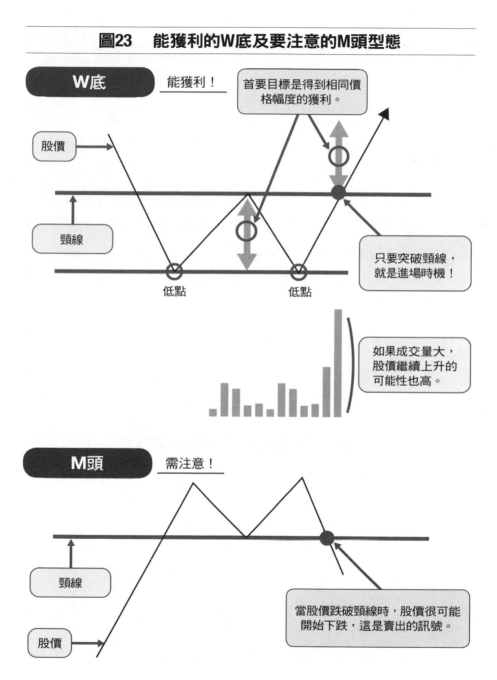

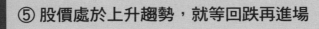

⑤ 股價處於上升趨勢，就等回跌再進場

「反彈點」是指上升趨勢中股價暫時下跌觸及的價位。這個型態的買賣方式就是重複「買在反彈，上漲就賣」，雖然了無新意，但卻是相當有效果的操盤方式。

要判斷是否處於上升趨勢，可用**趨勢線和移動平均線輔助**。

當股價受到趨勢線支撐而上揚、移動平均線向上移動，或股價高於移動平均線的狀態時，都可視為上升趨勢。

而買在反彈點的買進時間點，是**處於上升趨勢的股價下跌到觸及趨勢線或移動平均線時**。

若要買在反彈點，最好挑選股價變動多依循趨勢線或移動平均線的投資標的。

圖24　上升趨勢的反彈點進場模式

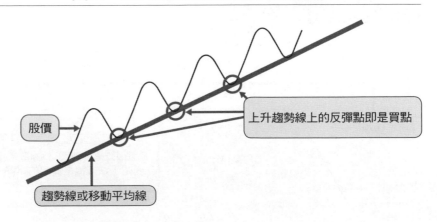

股價

上升趨勢線上的反彈點即是買點

趨勢線或移動平均線

⑥ 在其他線圖中，也存在獲利模式

到目前為止說明過的 5 種獲利線圖型態，不只較易解讀，也比較容易獲利。接下來介紹的型態平時較少見，但有些只要事先知道就能有效獲利，有的則是必須多加留意。

圖25　有備無患的有效線圖型態

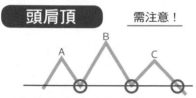

頭肩頂　　需注意！

由3個高點構成：正中間的**B**點為最高點，兩側分別是**A**點和**C**點。在日本由於形似釋迦三尊像，又稱為「三尊天井」。當股價突破以兩低點連結而成的線時，此型態就完成了。這代表市場正在消耗能量，接下來將進入下跌趨勢的訊號。

頭肩底　　可獲利！

頭肩頂的相反模式。最低點**B**點的兩側有兩低點**A**點和**C**點。當股價突破以兩點連結而成的線時，就是可買進的訊號。

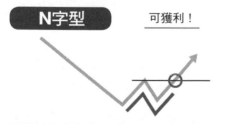

N字型　　可獲利！

形狀近似英文字母「**N**」。出現在低檔時，表示上升趨勢。股價會在上漲時回檔下跌，之後立刻反彈回升。當突破最近的高點，可確立此型態已完成。

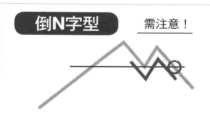

倒N字型　　需注意！

形狀近似英文字母「**N**」倒反的樣子。出現在高檔時，表示出場的訊號。股價在下跌時雖然會暫時反彈回升，但之後將立刻再次轉為下跌。突破最近的低點時，可確立此型態已完成。

股市必有漲跌循環，避免落入陷阱

股價處於上升趨勢，要小心行情過熱

我們已經看過了技術分析必要的 5 大關鍵字，以及能夠創造獲利的線圖型態。除此之外，還有一件事希望各位可以瞭解：股票市場有其循環模式。

從以前開始，股票市場不斷反覆著上升趨勢和下降趨勢，也就是容易獲利和容易虧損的時期。

許多投資人，特別是股市新手，**總喜歡在市場行情正熱時進場**。雖然當時確實處於上升趨勢，但這個時候通常是**上升趨勢的終盤**，這群人渾然不覺股價即將達到最高點。然後，沒過多久股價趨勢就轉而向下。結果，在最高點的前一刻進場的大多數投資人，以高價買進的股票帳面虧損與日膨脹。這正是從過去以來投資人都有所警戒的股市循環陷阱。

也就是說，當股票新手一股腦地進場時，很可能讓市場行情因過熱而達到頂端。這在關鍵字的「成交量」項目中已經說明過了。

因此，在上升趨勢中，投資人應一邊關注成交量，一邊隨時保持警戒。一旦發現危險訊號，要毫不猶豫地暫時撤退。如果就這麼抱著股票不放，很可能會有被套牢的危險。

萬一股價在帳面損失擴大前回升，也只是「誤打誤撞的成功經驗」而已。如果把這種經驗當做操作參考，面對其他股票時也會因為想著那時的股價都回升了，這次也會沒問題，於是輕鬆以待不做停損，最終將導致巨額的損失。

股價進入下降趨勢，果斷停損最重要

進入下降趨勢後，對於股市新手而言就成了難以獲利的局面。此時若輕率地在低點加碼買進（買進的股票股價下跌，投資人判斷是低點，因而繼續加量購買），直到股價下跌慘重後終於深覺不妙：「已經受夠這支股票了」，才急忙拋售持股時，往往已難以挽回。

當股價進入下降趨勢時，就該停損並暫時撤退，然後運用時間鑽研股票及標的，以做好準備迎接下一次的上升趨勢。如此一來，不但能夠即時掌握住進入上升趨勢的時機，也不會錯過新一波的上升趨勢。

要確實理解股市中的循環，並學習因應上升趨勢、下降趨勢、橫向整理（盤整）等各種不同的狀況，並且絕不讓股票被套牢。希望各位能嚴守以上做法的原因如下：

◎股票一旦開始下跌，就不知道會跌到哪裡。
◎即使進入了上升趨勢，股價也有可能不會上漲。

因此，關鍵是在股票即將進入下跌趨勢前迅速察覺，請各位讀

者務必牢記。

看大盤的趨勢型態，再決定因應策略

最後，我介紹如何依循日經平均股價指數，擬定能因應整體行情的有效策略。

1. 上下震盪

因為股價在一定範圍內上下波動，可以採取低點買進、高點賣出的策略。

2. 上升趨勢初期

位於低點的股價，如果出現可能進入上升趨勢的線圖型態，就可以進場。建議多找尋這樣的型態。

3. 上升趨勢明確

尋找「股價沿著趨勢線或 25 日移動平均線平順上升」的投資標的，並在上升趨勢的反彈點買進（參考 P.74），或是瞄準突破盤整趨勢的價位也可以。

這時候，找尋谷底反彈型態的標的，效率會比較差，因為在市場整體行情都向上的狀態下，持續下跌的股票具有較高風險。

4. 橫盤整理

在上升趨勢持續一段時間後，價格變動速度將會趨緩。想著股價要突破高點了，結果卻往下跌，就這樣反反覆覆。在這個時期停損機會很多，必須盡量沉住氣。

5. 下降趨勢

當股價確實進入下跌趨勢，走勢會暫時進入休息狀態。此時應專注研究標的，以做好準備迎接下一次的機會。

圖26　根據不同市場趨勢擬定不同的策略

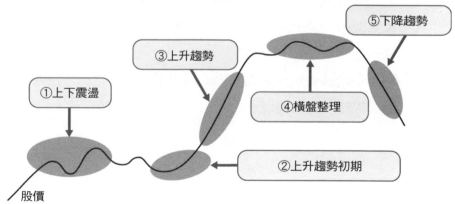

PART **1** 重點整理

☑ 在線圖上將高點與高點連接、低點與低點連接的**趨勢線**，
可以用來觀察股價動向和未來變化。

☑ **成交量**表示在證券交易所裡買賣成立的股價數目，會顯示
在股價線圖下方的柱狀圖上。當某檔股票備受矚目且買賣
交易頻繁時，成交量會增加，相反地成交量便減少。

☑ **支撐線**是以股價過去數度轉為上升趨勢的切換點為基準，
將其連結所繪出的線。**壓力線**是以股價過去數度轉為下跌
趨勢的切換點為基準，將其連結所繪出的線。

☑ **K 棒**顯示一整天的股市走向，同時也是股價線圖的基本構
成要素。

☑ **移動平均線**表示一定期間內的股價平均變動狀況。在檢視
趨勢線時，可以加以運用。

編輯部整理

我的投資筆記

我的投資筆記

我的投資筆記

大盤指數怎麼看？
賺錢獲利有徵兆

預測個別投資標的的股價時，日經平均指數是不可缺少的。首先透過本章的練習問題，瞭解如何以日經平均指數為基礎，進一步靈活運用「趨勢線」、「成交量」、「支撐線和壓力線」、「K棒」、「移動平均線」這5大關鍵字。

觀察大盤指數，
透視股市整體狀況

用 4 個指標，抓住股市動向

各位知道「日經平均指數」是如何計算出來的嗎？這個詞使用的頻率，已經到了幾乎每天都會從新聞等聽到的程度，不過若想利用股價線圖獲利，絕對不可或缺的就是分析日經平均指數。

「日經平均指數」是指從「東京證券交易所第一部」上市、約1700種投資標的中，選出具代表性的225種投資標的後，所計算出來的股價指數。這些投資標的均具有高度市場流動性（容易買進或賣出），並且是從各業種當中平均地篩選出來。由於各公司資訊均由「日本經濟新聞社」提供，因此冠上「日經」之名。

順帶一提，東京證券交易所一般簡稱為「東證」，分為以大型企業為主的「第一部」、以中型企業為主的「第二部」，以及以創投企業為主的「東證 Mothers」，共三大股票市場。另外，「TOPIX」則是以東證第一部上市的所有投資標的作為對象，用來表示全日本股票市場變動的股價指數，由東證負責計算及公布。

在理解上述名詞後，可組合思考 5 大關鍵字：「趨勢線」、「成交量」、「支撐線與壓力線」、「K 棒」及「移動平均線」，就能更清楚地釐清股價動向。

　　雖然要精準預測日經平均指數的變化，是不可能的任務。但是透過訓練，將能夠掌握到一定的程度。然而，即使預測失準，股價也不可能始終保持上升或下降趨勢，所以不需因此搥胸頓足。

　　接下來，就讓我們藉由 2004 年～ 2007 年的日經平均指數線圖，練習解開「趨勢線」、「成交量」、「支撐線與壓力線」、「K 棒」及「移動平均線」5 大關鍵字的相關問題。

圖27　掌握日本股票市場動向的指標

2007年5月24日～2008年1月24日

日經平均指數

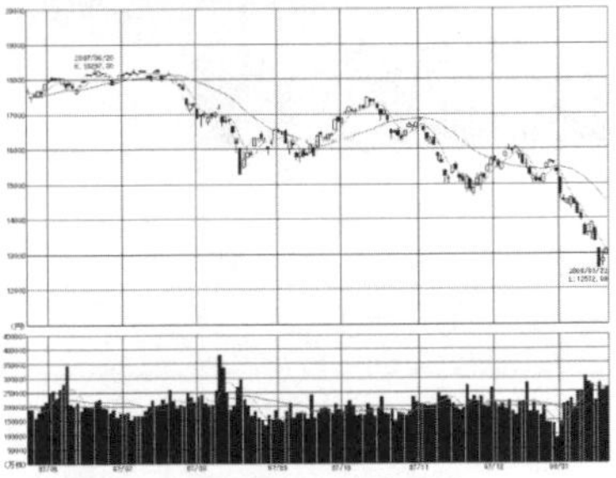

TOPIX指數

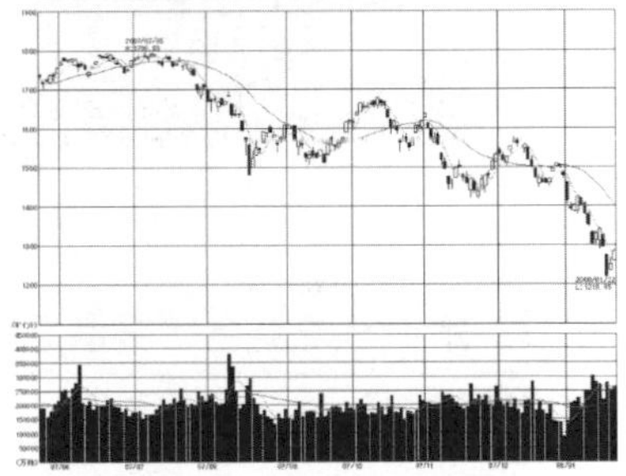

東證二部指數

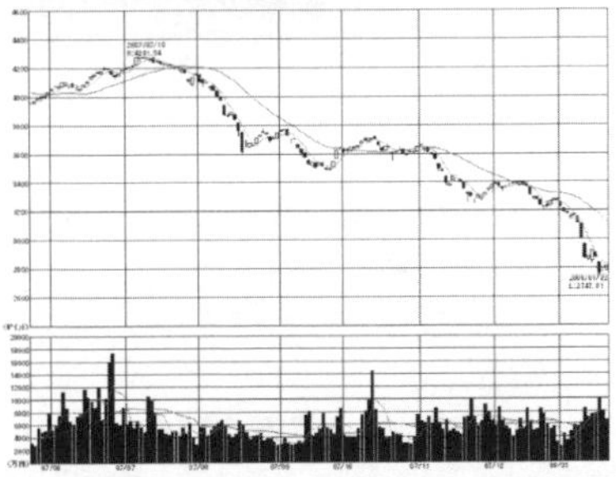

東證Mothers指數

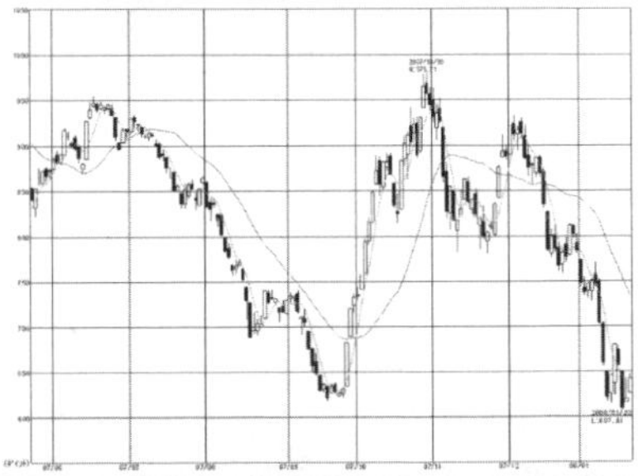

日經平均指數和TOPIX指數的動向較相似，東證二部指數的變化則較緩。東證Mothers指數則因為以創投企業為主，股價變動顯得相對劇烈。

1 請在線圖上畫出趨勢線。

日經平均指數 2004 年 1 月 5 日～ 12 月 30 日

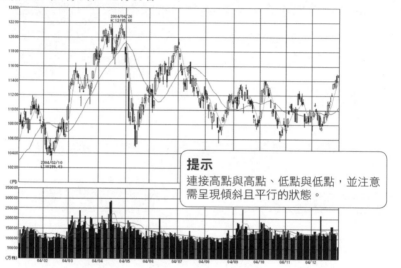

提示

連接高點與高點、低點與低點，並注意
需呈現傾斜且平行的狀態。

2 請指出成交量和股價之間的關係。

日經平均指數 2004 年 1 月 5 日～ 12 月 30 日

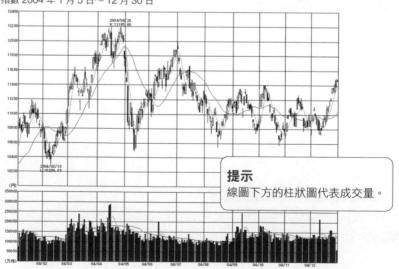

提示

線圖下方的柱狀圖代表成交量。

3 請畫出支撐線與壓力線。

日經平均指數 2004 年 1 月 5 日～12 月 30 日

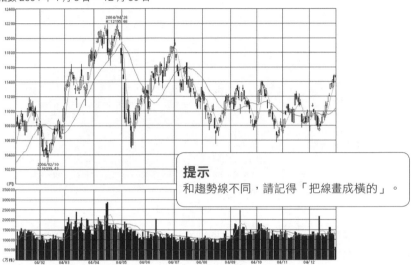

提示
和趨勢線不同，請記得「把線畫成橫的」。

 **4** 將Q1～Q3的解答全部填入線圖中，並思考應注意的重點為何。
接著思考K棒和移動平均線的重點。

日經平均指數 2004 年 1 月 5 日～12 月 30 日

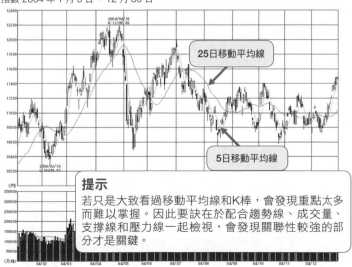

25日移動平均線

5日移動平均線

提示
若只是大致看過移動平均線和K棒，會發現重點太多
而難以掌握。因此要訣在於配合趨勢線、成交量、
支撐線和壓力線一起檢視，會發現關聯性較強的部
分才是關鍵。

1 將高點和高點、低點和低點連接後，即可畫出4條趨勢線（斜線）。

日經平均指數 2004 年 1 月 5 日～ 12 月 30 日　　　　　　　　　　　　　※「安」指的是低點。

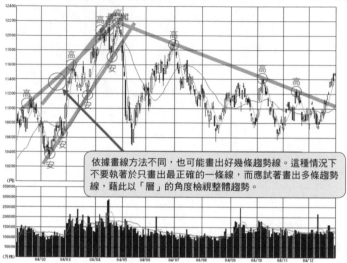

> 依據畫線方法不同，也可能畫出好幾條趨勢線。這種情況下不要執著於只畫出最正確的一條線，而應試著畫出多條趨勢線，藉此以「層」的角度檢視整體趨勢。

2 成交量在A點增加後，股價急跌。

日經平均指數 2004 年 1 月 5 日～ 12 月 30 日

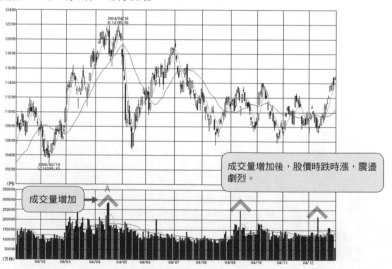

> 成交量增加後，股價時跌時漲，震盪劇烈。

成交量增加 →

務必在線圖上畫出，高點與高點橫向連接的壓力線，與低點與低點橫向連接的支撐線。

日經平均指數 2004 年 1 月 5 日～12 月 30 日　　　　　　　　※「安」指的是低點。

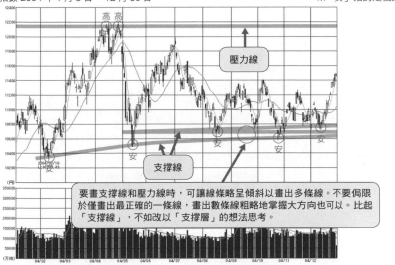

要畫支撐線和壓力線時，可讓線條略呈傾斜以畫出多條線。不要侷限於僅畫出最正確的一條線，畫出數條線粗略地掌握大方向也可以。比起「支撐線」，不如改以「支撐層」的想法思考。

記得畫橫線

書籍和雜誌中，經常提到趨勢線，但卻鮮少觸及支撐線和壓力線。然而，若光以趨勢線預測股價走向，有可能失準。

股價必定不會跨過某條線，並無數次都被壓回。也就是說，股價下跌時也必然受到支撐。在這樣狀況下，可以想見這條線並非趨勢線，而是發揮了支撐線或壓力線的功能。

其中細節，將於後面的練習問題中詳述，但別忘了，支撐線和壓力線有可能長期皆有效。去年的支撐線或壓力線，也可能影響今年的股價。

因此務必養成習慣，不光只是斜行的趨勢線，線圖上一定要畫上支撐線和壓力線一起檢視。

4 首先綜合Q1～Q3的解答，並解說值得思考的重點。

日經平均指數 2004 年 1 月 5 日～ 12 月 30 日

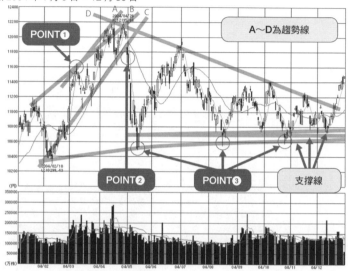

解說

POINT❶ 圖中共可畫出4條趨勢線（A、B、C、D），且股價雖處於上升趨勢，卻在POINT❶的地方被壓回。即使過了 1 個月，股價也持續被趨勢線A壓回，難以跨越。這時趨勢線A正發揮作用，明示著當前的股價上限就是這條線。

POINT❷ 股價跌破趨勢線C。當股價出現跌破，通常短期內都會持續下跌。因此，如果不在此停損，可能導致更大的損失。所以建議在跌破時停損，待股價回升後再次買進。

POINT❸ 股價4度在支撐線上反彈，顯示此線發揮相當強大的效力。正如前述，若能畫出數條支撐線，即可視為「支撐層」。請務必謹記，趨勢線、支撐線與壓力線，都能在預測未來股價變化時有所貢獻，也是重要的關鍵。

接著解說移動平均線和K棒的重點。

日經平均指數 2004 年 1 月 5 日～ 12 月 30 日

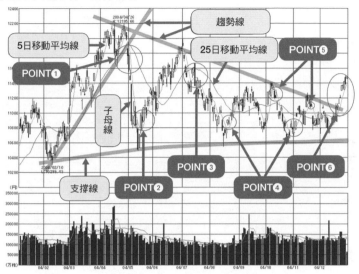

解說

POINT❶ 股價在此跌破趨勢線，出現下跌的訊號。且移動平均線也開始下滑，進而在下方出現「子母線」（由大陰線包覆住小陽線），股價很有可能下跌。

POINT❷ 股價獲得支撐線的支撐後，接著來到了5日移動平均線的上方，表示股價即將反轉。且由於股價和25日移動平均線的乖離擴大，將股價拉回移動平均線的力量也開始發揮作用。

POINT❸ 在連接高點與高點的趨勢線上出現大陰線，因此可預測股價無法突破趨勢線。

POINT❹ 於連結低點的支撐線上，股價在這兩點逆勢反彈，再加上K棒突破5日移動平均線，因此可預測股價將會由此開始上升。

POINT❺ 和POINT❹相反，股價被趨勢線壓回，而跌破5日移動平均線。這是股價下跌的信號。

POINT❻ 股價突破趨勢線，且出現許多陽線，移動平均線也呈現上升趨勢。另外，股價來到了移動平均線上方，上漲的可能性大增。

Q5 請在線圖上畫出趨勢線。

日經平均指數 2005 年 1 月 5 日～ 12 月 30 日

提示
連接高點與高點、低點與低點，並留意
需保持傾斜且相互平行。

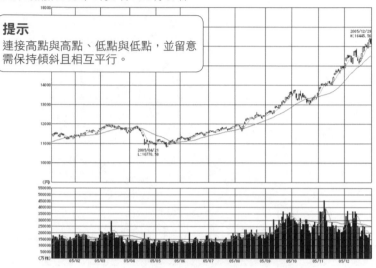

Q6 請指出成交量增加的時間點。

日經平均指數 2005 年 1 月 5 日～ 12 月 30 日

提示
線圖下方的柱狀圖代表成
交量。

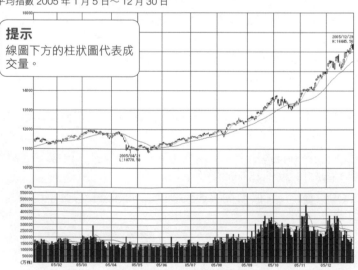

7 請畫出支撐線與壓力線。

日經平均指數 2005 年 1 月 5 日～12 月 30 日

提示

和趨勢線不同，請記得「線要畫成橫的」。

提示

請留意去年至今的支撐線。

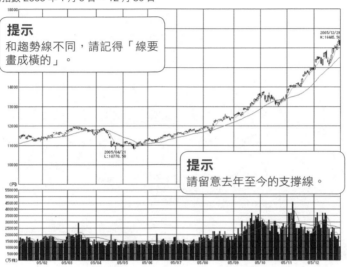

Q8 將Q5～Q7的解答填入線圖中，並思考應注意的重點為何。之後，請試著思考K棒和移動平均線的重點。

日經平均指數 2005 年 1 月 5 日～12 月 30 日

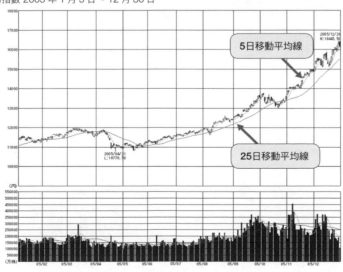

5 全部共可畫出 7 條趨勢線。

日經平均指數 2005 年 1 月 5 日～ 12 月 30 日

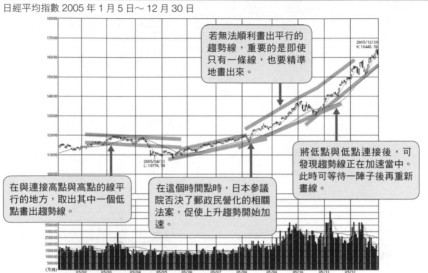

若無法順利畫出平行的趨勢線，重要的是即使只有一條線，也要精準地畫出來。

將低點與低點連接後，可發現趨勢線正在加速當中。此時可等待一陣子後再重新畫線。

在與連接高點與高點的線平行的地方，取出其中一個低點畫出趨勢線。

在這個時間點時，日本參議院否決了郵政民營化的相關法案，促使上升趨勢開始加速。

6 2005年4月～5月，在股價下跌的地方，成交量卻逆向增加。只要配合支撐線一併思考，即可預測出股價在這條線得到支撐。

日經平均指數 2005 年 1 月 5 日～ 12 月 30 日

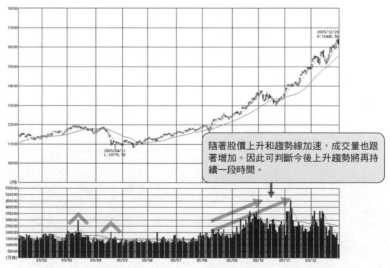

隨著股價上升和趨勢線加速，成交量也跟著增加。因此可判斷今後上升趨勢將再持續一段時間。

A7 關鍵在於留意上個年度的支撐線與壓力線。從2004年開始股價就受到支撐線的支撐，但卻無法突破同年度的12000點壓力線。

日經平均指數 2005 年 1 月 5 日～ 12 月 30 日

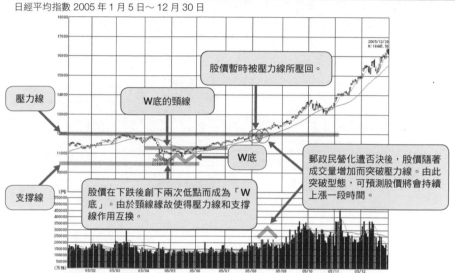

「在絕望中萌芽，在懷疑中成長，在喜悅中結束」

這是一句與股票有關的著名格言。在日本，投資人總是會說「2004 年是很難做的一年」。尤其是 12000 點大關成為難以突破的壓力線，再加上該年 5 月的大崩盤，使得投資人紛紛說著「今年已經沒救了」。這也是「在絕望中萌芽」的原因。

因此，當股價開始回升時，許多投資人依然半信半疑。加上日本郵政民營化法案遭否決後，眾議院接著解散，許多人心中都抱持疑問：「政局這麼混亂，股價真的會上漲嗎？」

但是，隨著成交量增加，且上升趨勢加速，想著「應該沒問題了吧」而進場的投資人也變多了。然而，曾經歷過泡沫經濟瓦解的投資人，都體驗過「在喜悅中結束」的恐怖。因此認定「一定不會再繼續上漲了」，而在這波漲勢當中賣空，最後損失慘痛的也大有人在。

不過，股價只要沒有跌破趨勢線，就會持續向上進攻直到頂點。因此只要忠於基本的線圖型態進行交易，就幾乎不會迷失方向而蒙受龐大損失。

8 首先，綜合Q5～Q7的解答後，將說明值得思考的重點。

日經平均指數 2005 年 1 月 5 日～ 12 月 30 日

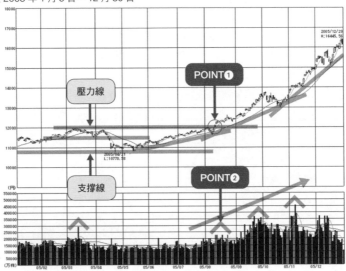

解說

POINT❶ 股價突破壓力線，遵循突破型態，便可預期股價將持續上漲一段時間。

POINT❷ 如POINT❶所述，在發生突破時，成交量增加了，這也是上升趨勢的訊號。

接著解說移動平均線和K棒的重點。

日經平均指數 2005 年 1 月 5 日～ 12 月 30 日

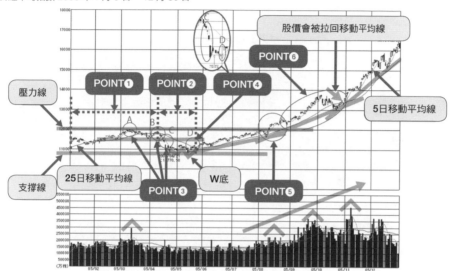

解說

POINT**❶** 以時間軸來看，在大趨勢25日移動平均線向上發展時，即是進場時機。

POINT**❷** 和POINT**❶**相反，當25日移動平均線向下偏移時則應避免進場。特別是新手，不要輕易進行買賣才是明智之舉。

POINT**❸** 股價在壓力線反彈（A點與B點），且K棒已跌破5日移動平均線，還頻頻呈現陰線（C點）。此外，股價甚至跌破了支撐線，投資人應考慮暫時退場。為什麼5日移動平均線會向下走呢？是由於12000點壓力線的緣故。再次確認2004年的日經平均指數的線圖，可看到12000點附近有壓力線，而正如前文所述，支撐線或壓力線是可能長期持續發揮效力的。

POINT**❹** W底在支撐線反彈，並且出現陽線（D點）。25日移動平均線向上發展，股價也來到該線上方。綜合「股價在支撐線反彈」這件事來思考，即可判斷股價處於上升趨勢。

POINT**❺** 從突破壓力線且成交量增加，再加上移動平均線向上及陽線增多等，皆能發覺形成上升趨勢的條件。

POINT**❻** 當股價和移動平均線的乖離開始引人注目時，務必注意股價可能下跌。

Q9 請在線圖上畫出趨勢線。

日經平均指數 2006 年 1 月 5 日～ 12 月 30 日

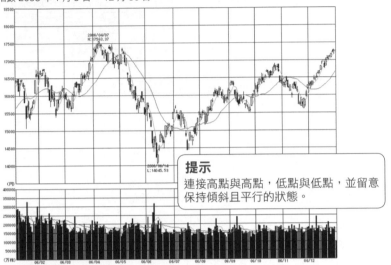

提示
連接高點與高點，低點與低點，並留意
保持傾斜且平行的狀態。

Q10 請指出成交量增加的時間點。

日經平均指數 2006 年 1 月 5 日～ 12 月 30 日

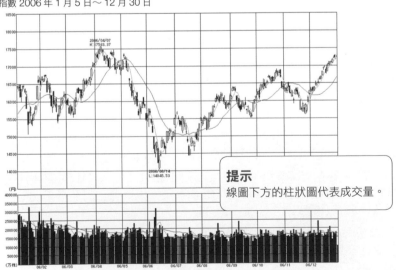

提示
線圖下方的柱狀圖代表成交量。

Q11 注意2005年開始的支撐線，並畫出支撐線及壓力線。

日經平均指數 2006 年 1 月 5 日～ 12 月 30 日

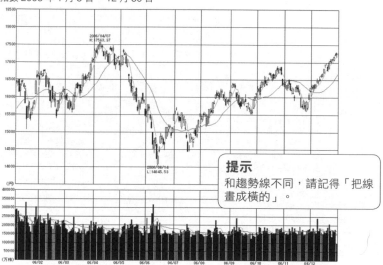

提示
和趨勢線不同，請記得「把線畫成橫的」。

Q12 將Q9～Q11的解答填入線圖中，並思考應注意的重點為何。接著思考K棒和移動平均線的重點。

日經平均指數 2006 年 1 月 5 日～ 12 月 30 日

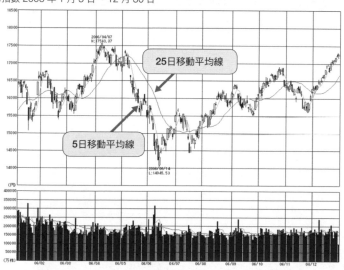

25日移動平均線

5日移動平均線

A9 不要忘記從去年度就持續存在的趨勢線★。由於日本活力門公司事件（註），股價跌破趨勢線，建議停損並靜觀其變。

日經平均指數 2006 年 1 月 5 日～ 12 月 30 日

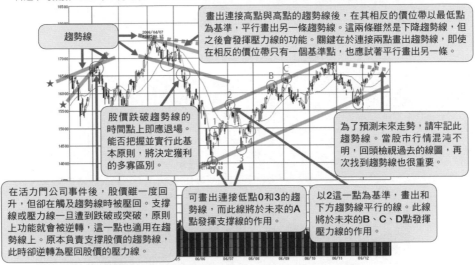

趨勢線

畫出連接高點與高點的趨勢線後，在其相反的價位帶以最低點為基準，平行畫出另一條趨勢線。這兩條雖然是下降趨勢線，但之後會發揮壓力線的功能。關鍵在於連接兩點畫出趨勢線，即使在相反的價位帶只有一個基準點，也應試著平行畫出另一條。

股價跌破趨勢線的時間點上即應退場。能否把握並實行此基本原則，將決定獲利的多寡區別。

為了預測未來走勢，請牢記此趨勢線。當股市行情混沌不明，回頭檢視過去的線圖，再次找到趨勢線也很重要。

在活力門公司事件後，股價雖一度回升，但卻在觸及趨勢線時被壓回。支撐線或壓力線一旦遭到跌破或突破，原則上功能就會被逆轉，這一點也適用在趨勢線上。原本負責支撐股價的趨勢線，此時卻逆轉為壓回股價的壓力線。

可畫出連接低點0和3的趨勢線，而此線將於未來的A點發揮支撐線的作用。

以2這一點為基準，畫出和下方趨勢線平行的線。此線將於未來的B、C、D點發揮壓力線的作用。

※ 日本網路公司活力門（Livedoor）因涉嫌違反《證券交易法》，而遭到東京地方檢察廳特別搜查部，與日本證券交易監視委員會強行搜查公司總部，以及其董事長堀江貴文的住所。次日，日本股市因受到此消息震撼而大跌。

A10 當成交量增加而股價卻下跌時，很有可能就是谷底，因此可預測「A點就是最低點，股價不會跌破這個價位」。

日經平均指數 2006 年 1 月 5 日～ 12 月 30 日

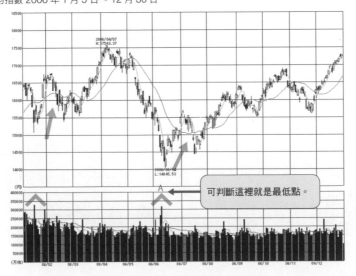

可判斷這裡就是最低點。

當股價來到5這一點時，可將過去的低點和5這一點畫線連接。此外，由於股價在8月之後突破此線，壓力線就轉而成了支撐線，也可以看出在7和8這兩點成了撐住股價的支撐線。

日經平均指數 2006 年 1 月 5 日～ 12 月 30 日

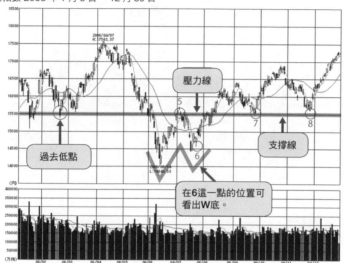

壓力線、支撐線和 W 底的頸線，有可能是同一條線呢！

這裡要做筆記

12 綜合Q9～Q11的解答後，說明需思考的重點。

日經平均指數 2006 年 1 月 5 日～ 12 月 30 日

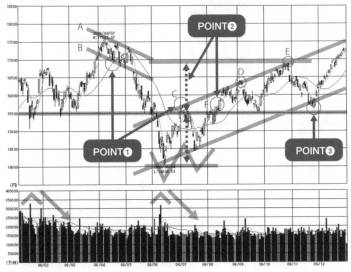

解說

POINT❶ 以兩個以上的點畫出一條趨勢線（A），在其相反價位帶即使只有一個點，也應試著平行畫出另一條趨勢線（B），這會相當有用。若以C和D的高點為基準畫出趨勢線，即可預測出E點位置。

POINT❷ 股價在F點突破了W底頸線的15500日圓。突破頸線後，理論上股價漲幅將等同於W底低點至頸線之間的距離（差值）。從2006年的日經平均指數來看，E點正是此漲幅價格與趨勢線接觸的時間點，因此可判斷這一帶就是股價的高點。

POINT❸ 股價受到支撐線和趨勢線的雙重支撐，形成強而有力的支撐層，因此可將停損價位設於此處後買進股票。

※15500日圓線在2006年1月～6月為支撐線，在6月～8月為壓力線和W底的頸線，在9月以後則扮演支撐線的角色。

接著解說移動平均線和K棒的重點。

日經平均指數 2006 年 1 月 5 日～ 12 月 30 日

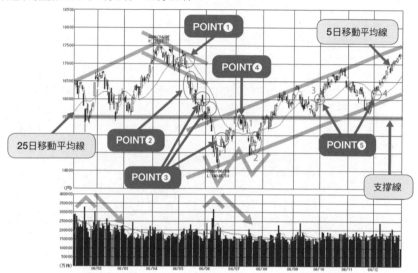

解說

POINT❶ 股價在趨勢線遭到壓回，且需留意兩條移動平均線都開始向下走。

POINT❷ 股價已跌到趨勢線下方，此時應回想起這是股價將持續下跌一段時間的型態。

POINT❸ 股價再度來到5日移動平均線上方，但這只是「騙線」。直到第3次股價才終於真正上漲，也出現陽線，因此可以判斷急跌狀況應會中止。

POINT❹ 在1這一點時，股價遭到壓力線壓回，居於5日移動平均線之下，且可見陰線出現，也就是說，這是必須警戒的局面。投資人可以這樣思考：15500日圓線可能從支撐線轉為壓力線。另外，在2這一點，K棒再　次來到5日移動平均線之上，且陽線變多。此時，在確認過2這一點之後，再畫趨勢線比較安全。

POINT❺ 3和4這兩點受到支撐線及趨勢線支撐，加上出現黃金交叉，因此可判斷股價將會向上。

13 請在線圖上畫出趨勢線。

日經平均指數 2006 年 5 月 1 日～ 2007 年 12 月 14 日

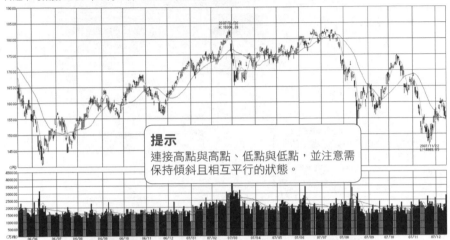

提示
連接高點與高點、低點與低點，並注意需
保持傾斜且相互平行的狀態。

 14 請指出成交量增加的時間點。

日經平均指數 2006 年 5 月 1 日～ 2007 年 12 月 14 日

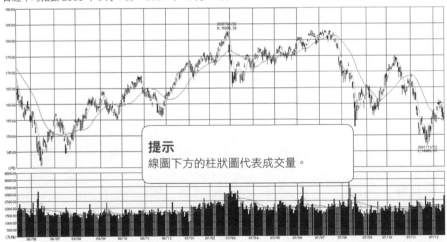

提示
線圖下方的柱狀圖代表成交量。

Q15 注意2006年就持續存在的支撐線和壓力線，並畫出支撐線及壓力線。

日經平均指數 2006 年 5 月 1 日～ 2007 年 12 月 14 日

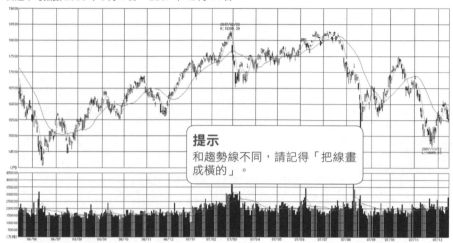

提示
和趨勢線不同，請記得「把線畫成橫的」。

Q16 將Q13～Q15的解答填入線圖中，並思考應注意的重點為何。再試著思考K棒和移動平均線的重點。

日經平均指數 2006 年 5 月 1 日～ 2007 年 12 月 14 日

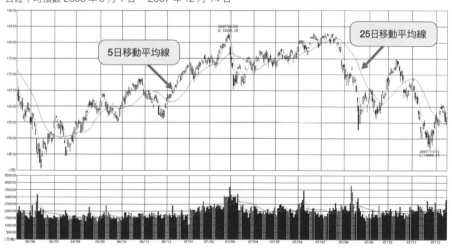

5日移動平均線

25日移動平均線

A13 1和2這兩點是2006年受到注目的時間點。由於1→2→3連接的趨勢線改以3→4的走向加速,因此可畫出新的趨勢線。

日經平均指數 2006 年 5 月 1 日～ 2007 年 12 月 14 日

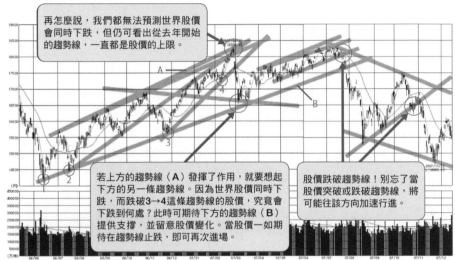

> 再怎麼說,我們都無法預測世界股價會同時下跌,但仍可看出從去年開始的趨勢線,一直都是股價的上限。

> 若上方的趨勢線(A)發揮了作用,就要想起下方的另一條趨勢線。因為世界股價同時下跌,而跌破3→4這條趨勢線的股價,究竟會下跌到何處?此時可期待下方的趨勢線(B)提供支撐,並留意股價變化。當股價一如期待在趨勢線止跌,即可再次進場。

> 股價跌破趨勢線!別忘了當股價突破或跌破趨勢線,將可能往該方向加速行進。

A14 成交量伴隨股價下跌而急增,即可判斷股價將緩步上升。

日經平均指數 2006 年 5 月 1 日～ 2007 年 12 月 14 日

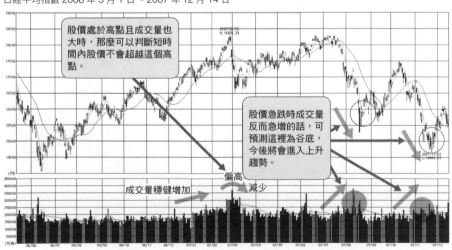

> 股價處於高點且成交量也大時,那麼可以判斷短時間內股價不會超越這個高點。

> 股價急跌時成交量反而急增的話,可預測這裡為谷底,今後將會進入上升趨勢。

成交量穩健增加

偏高　　減少

在18250日圓附近的壓力線發揮作用。雖然日經平均指數被認為
會上漲到20000日圓，仍應確認突破該壓力線後再進場。

日經平均指數 2006 年 5 月 1 日～ 2007 年 12 月 14 日

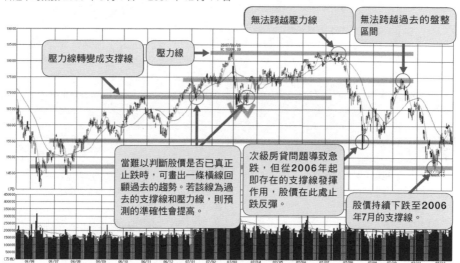

冷靜觀察下跌的股價

若以一整年的角度來思考，我認為即使當中有一個月出現損失也沒關係，
不需要太過介意。但是，眼見世界股價同時持續不斷下跌，人往往會不
知所措。事實上，我在泡沫經濟瓦解時，也曾因恐懼而全身僵硬，什麼
都無法做。

後來，在美國九一一恐怖攻擊的時期，我多少能冷靜思考「原來股價會
這樣移動」。因此，當活力門公司事件發生時，才可以不迷失自我地應對。
即使碰上世界股價齊跌，我已經大致上習慣大跌。

股市中沒有100%的勝利。即使碰上大跌而慘賠，也是沒辦法的事。但是，
如果不知道自己為什麼有這麼慘痛的經驗，就沒辦法修正接下來的動作。
在對照基本原則，並反省自身失敗的過程中，才能學會冷靜地判斷股價，
並應對進退。

16 首先，綜合Q13～Q15的解答後，說明需思考的重點。

日經平均指數 2006 年 5 月 1 日～ 2007 年 12 月 14 日

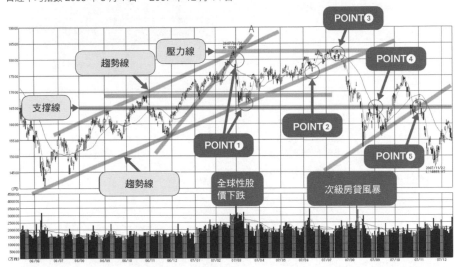

解說

POINT❶ 原本認為股價會沿著趨勢線（Ａ）上升，但卻因全球股價同時下跌的影響，反而跌破了趨勢線。由於股價突破某條線後，型態上會朝該方向持續發展一段時間，因此應果斷地停損。在這之後，最讓人關心的是股價究竟會在哪裡止跌，此時趨勢線及支撐線對判斷趨勢十分有用。此例中，股價在過去的趨勢線止跌。若試著從這裡拉出橫線，即可發現過去的支撐線仍持續發揮作用。

POINT❷ 最後，會發現這條上升趨勢線依然有其效果。因此，可以想成只要沒有跌破趨勢線就沒問題，交易時可以買進為主。

POINT❸ 股價無法跨過壓力線，接著又跌破長期趨勢線時，將面臨最大的危機。

POINT❹ 全球股價同時下跌時，支撐線都會轉而變成壓力線。

POINT❺ 才以為已經進入了上升趨勢，結果股價又再次跌破趨勢線並持續大跌。此時可判斷次級房貸風暴是股價下跌的根本因素。

接著解說移動平均線和K棒的重點。

日經平均指數 2006 年 5 月 1 日～ 2007 年 12 月 14 日

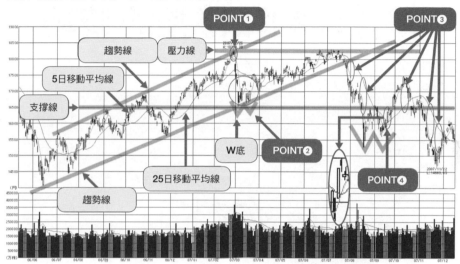

| 解說 |

POINT**❶** 陰線K棒出現在趨勢線附近，因此可預測股價將會被壓回。

POINT**❷** 股價受到趨勢線及支撐線支撐而形成W底，再加上K棒已越過5日移動平均線，因此判斷股價將會反轉。和2006年的線圖相比，2007年的線圖給人的印象是較難判讀。這時許多人會認為「應該很難獲利」，然而線圖混亂也是沒辦法的事，就不要一直擔心不安了。只要依基本法則判讀，很快就能確實地獲利。在2007年，趨勢線和壓力線的間距逐漸縮減，在這樣震盪整理的狀態下，能量將持續累積，只要出現一次突破或跌破，股價就可能大幅度往該方向移動。但遺憾的是，碰上次級房貸風暴，使得股價進入下跌趨勢。

POINT**❸** 股價大幅背離25日移動平均線後，可以留意將股價拉回的力道正在作用。

POINT**❹** W底已成形。K棒來到5日移動平均線上方，且可見大陽線及明顯成交量，因此判斷為買進時機。

從那斯達克指數，
學會停利和停損的技巧

那斯達克指數 2006 年 1 月 5 日～2007 年 11 月 7 日

參考那斯達克指數，預測股市走勢

　　表示股市整體動向的日經平均指數和 TOPIX 指數，都會對日本個股股價造成影響，因此需要經常留意。但是，追蹤美國股市的指標「那斯達克指數」也同樣重要，因為日本股票必定會受到美國股價的牽動。

　　左頁的**趨勢圖**是對日本股市有甚大影響的那斯達克指數，若參考它預測日本股價，有時相當有效。在此線圖中顯而易見，2006 年 5 到 6 月的股價急跌，而日本股價也像是遭到拖累似地連帶下跌（可參考次頁的日經平均指數股價線圖）。

　　但是進入 7 月後，股價漸趨平穩，且在盤整後於 A 點突破了趨勢線。此線圖正如同突破型態，股價會持續向上方爬升一段時間。請以此傾向為前提，思考次頁的 Q17。

Q17 股價在6月急跌的慘狀令人記憶猶新,而且由於出現大陰線,買進股票變得相當恐怖。當股價來到A點時,你會決定買進嗎?還是稍微靜觀其變呢?

日經平均指數 2006 年 1 月 5 日～ 2006 年 8 月 7 日

提示

- ・請試著畫出趨勢線。
- ・圖中出現了某種線圖型態。各位看得出來嗎?
- ・請注意移動平均線。
- ・請回想上一頁介紹的那斯達克指數線圖。

何謂那斯達克指數?

指的是由美國全國證券商公會(National Association of Securities Dealers Automated Quotations)負責營運的全球最大創投企業股市,微軟和英特爾等科技股都在此上市。

17 此狀況時該買進。請以POINT①～⑤為基準，思考以下狀況。

以那斯達克指數線圖為後盾！

POINT**1** 將高點與高點連線畫出趨勢線。

POINT**2** 確認低點畫出趨勢線。

POINT**3** 可辨識出W底。

POINT**4** 在A點出現大陰線雖然多少令人不安，但可以想成將有機會突破W底頸線。如果突破頸線，該線就會發揮支撐線的功能。

POINT**5** 由於已經突破趨勢線B，因此可預測上升趨勢會持續一段時間。此外，兩條移動平均線呈現黃金交叉，就是買進的時機。像這樣表現出上升趨勢訊號的有好幾個地方，所以即使在A點出現大陰線，對於在數日到數週間完成買賣交易的短期波段交易來說，股價依然會向上爬升。那斯達克指數上的突破，可期待出現同樣向上的趨勢。透過觀察「森林」的角度，判斷整體股市將向上走後，接著讓我們熟練如何判斷樹木（個別個股）的「停利點」和「停損點」。

即使可以預測出今後股價將會上漲，仍必須事先設定好停損點。
在A這個時間點上，停損點應該設定在哪裡？

新日鐵（5401）2006 年 1 月 4 日～ 2006 年 8 月 7 日

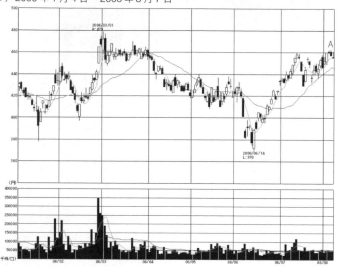

在A這個時間點時，停利點和停損點應該設定在哪裡？

商船三井（9104）2006 年 1 月 4 日～ 2006 年 8 月 7 日

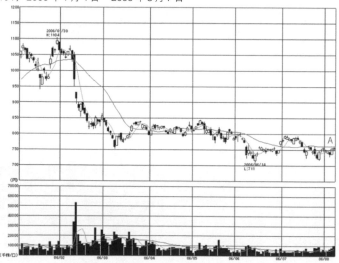

A18 請從一開始就決定好停損點，我通常會選擇最近的低點作為停損點。順帶一提，由於出現了N字型，可預測股價將會上升。

新日鐵（5401） 2006 年 1 月 4 日～ 2006 年 8 月 7 日

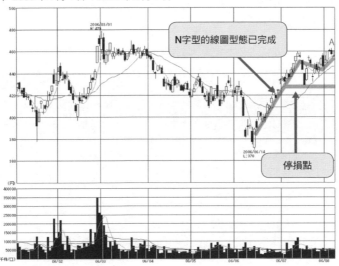

A19 和上方的新日鐵相同，可以最近的低點作為停損點。第1停利點可設定於最近的壓力線上，第2停利點則可設於過去的高點。

商船三井（9104） 2006 年 1 月 4 日～ 2006 年 8 月 7 日

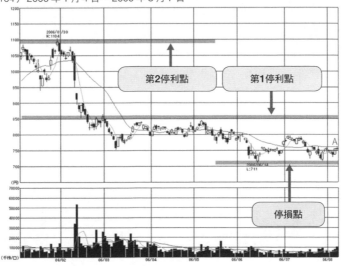

20 在A這個時間點時，停利點和停損點應該設定在哪裡？

瑞穗 FG（8411） 2006 年 1 月 4 日～ 2006 年 8 月 7 日

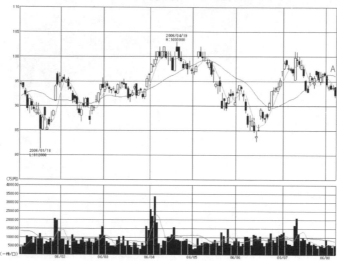

21 在A這個時間點時，停利點和停損點應該設定在哪裡？

軟體銀行（9984） 2006 年 1 月 4 日～ 2006 年 8 月 7 日

20 以最近的低點作為停損點，並以過去的高點作為停利點。

瑞穗 FG（8411）2006 年 1 月 4 日～ 2006 年 8 月 7 日

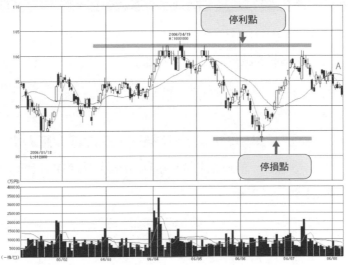

21 以最近的低點作為停損點，並仿照下圖設定出第1停利點和第2停利點。

軟體銀行（9984）2006 年 1 月 4 日～ 2006 年 8 月 7 日

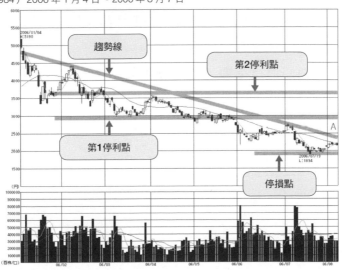

PART 2 重點整理

☑ **日經平均指數**是指從東證一部上市、約 1700 種投資標的當中，選出具代表性的 225 種投資標的，所計算出的股價指數。

☑ 書籍雜誌常會頻繁地提到趨勢線，**支撐線和壓力線**卻相對少見。然而，若只是以趨勢線預測股價走向，較可能出現預測失準的狀況。

☑ 股價只要**沒有跌破趨勢線**，就會持續向上進攻。因此，只要忠於基本的股價線圖進行操盤交易，就幾乎不會迷失方向而蒙受龐大損失。

☑ 在股市中沒有 100％勝利的訣竅，即使碰上大跌而慘賠，投資人也只能承受所有損失。但是，在承受損失後，必須確實瞭解造成損失的原因。若無法修正自身的行動，同樣的狀況依然會再次上演。

☑ 美國**那斯達克指數**，由美國全國證券商公會負責營運，是全球最大的創投企業股市，微軟、英特爾等科技公司都在此上市。

編輯部整理

我的投資筆記

我的投資筆記

PART 3

用「K線矩陣圖」案例，
　鍛鍊你的實戰能力

「突破」帶來的漲勢，買點應該設在哪裡？

「突破」（**Break Out**）指的是股價從橫盤整理狀態（盤整趨勢），向上突破趨勢線或壓力線。發生突破時，股價會維持一段時間的上升趨勢，所以視為買進的訊號。

Q22 預測股價將突破盤整趨勢，於是決定在A點進場。目前處於B點，接下來該怎麼辦？

科研製藥（4521） 2006 年 8 月 1 日～ 2007 年 3 月 30 日

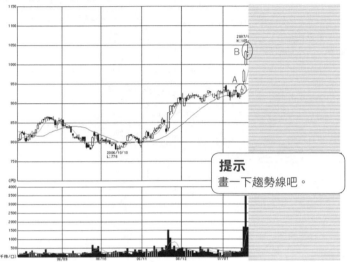

提示
畫一下趨勢線吧。

Q23 由高點連結而成的趨勢線正持續下降，你會買進這檔股票嗎？

伊藤忠（8001） 2006 年 4 月 3 日～ 2007 年 2 月 28 日

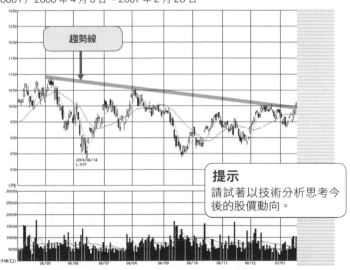

趨勢線

提示
請試著以技術分析思考今後的股價動向。

A22 股價上升後，在B點的陽線出現上影線，暗示股價被壓回（參考Part1關鍵字④）。這時不應馬上加碼，而是得先確保手中半數的持股有獲利，才是安全的做法。

科研製藥（4521）2006 年 8 月 1 日～ 2007 年 3 月 30 日

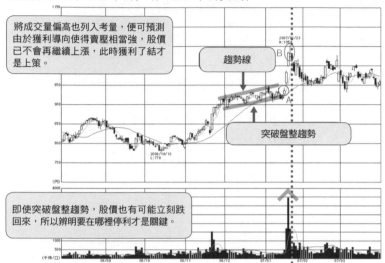

將成交量偏高也列入考量，便可預測由於獲利導向使得賣壓相當強，股價已不會再繼續上漲，此時獲利了結才是上策。

趨勢線

突破盤整趨勢

即使突破盤整趨勢，股價也有可能立刻跌回來，所以辨明要在哪裡停利才是關鍵。

A23 這是一個很漂亮的三角收斂突破型態。由於股價已藉由陽線突破趨勢線，上升趨勢將持續一段時間。

伊藤忠（8001）2006 年 4 月 3 日～ 2007 年 2 月 28 日

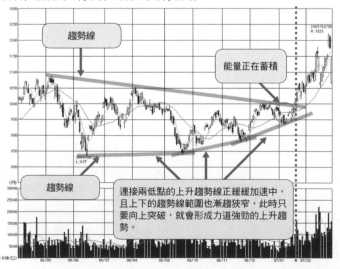

趨勢線

能量正在蓄積

趨勢線

連接兩低點的上升趨勢線正緩緩加速中，且上下的趨勢線範圍也漸趨狹窄，此時只要向上突破，就會形成力道強勁的上升趨勢。

Q24

這是處於下降趨勢的個股，請試著以技術分析思考今後的股價動向。

Nissin 債權回收（8426） 2006 年 4 月 3 日～ 2007 年 2 月 28 日

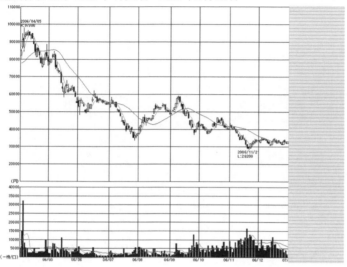

Q25

如果是你會買進這檔股票嗎？還是會選擇觀望？若答案是前者，請說明理由。

Dr.Ci Labo（4924） 2006 年 4 月 3 日～ 2006 年 12 月 29 日

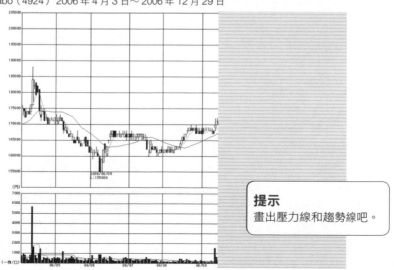

提示
畫出壓力線和趨勢線吧。

A 24 在低檔時成交量增加，且股價隨後突破趨勢線，伴隨成交量再次增加，因此可預測股價將會上漲。

Nissin 債權回收（8426） 2006 年 4 月 3 日～ 2007 年 2 月 28 日

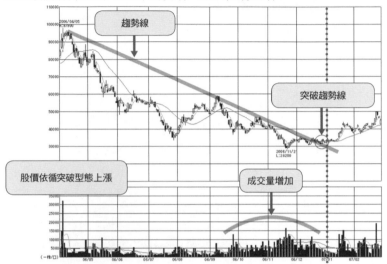

A 25 這是三角收斂型態，雖然有上漲及下跌兩種可能，但此時股價已突破壓力線，因此應該買進。

Dr.Ci Labo（4924） 2006 年 4 月 3 日～ 2006 年 12 月 29 日

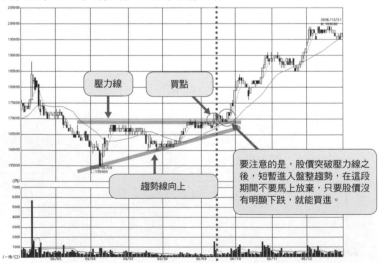

Q26 雖然這檔個股持續呈現盤整趨勢，卻是可能出現突破的線圖型態。你能預測它接下來的動向嗎？

ASICS 亞瑟士（7936）2005 年 5 月 2 日～2005 年 11 月 30 日

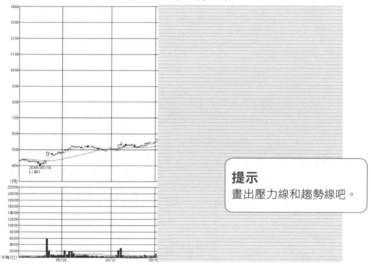

提示

畫出壓力線和趨勢線吧。

Q27 兩條趨勢線正在集中匯聚，股價會上漲嗎？還是下跌呢？

Kenedix（4321） 2005 年 8 月 1 日～2006 年 2 月 28 日

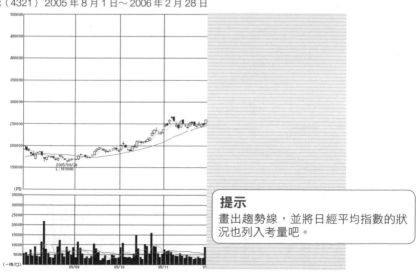

提示

畫出趨勢線，並將日經平均指數的狀況也列入考量吧。

A26 這是典型的突破盤整趨勢型態。伴隨成交量增加，股價也突破了壓力線和趨勢線，所以可以預測往後將會順利上漲。

ASICS 亞瑟士（7936）2005 年 5 月 2 日～ 2005 年 11 月 30 日

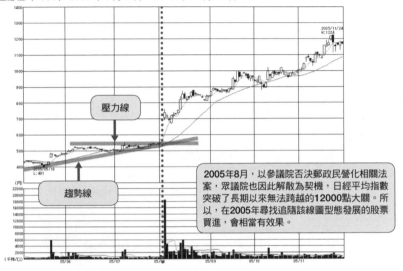

壓力線

趨勢線

2005年8月，以參議院否決郵政民營化相關法案，眾議院也因此解散為契機，日經平均指數突破了長期以來無法跨越的12000點大關。所以，在2005年尋找追隨該線圖型態發展的股票買進，會相當有效果。

A27 這是三角收斂的突破型態。由於日經平均指數也處於上升趨勢，所以可預測這檔股票的股價也會上漲。

Kenedix（4321）2005 年 8 月 1 日～ 2006 年 2 月 28 日

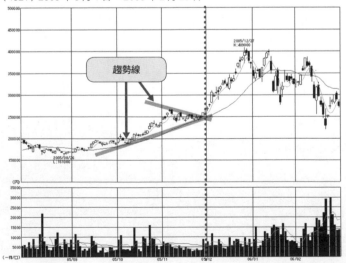

趨勢線

28 兩條趨勢線正在集中匯聚。你會採取什麼樣的買賣策略？

住友金屬礦山（5713） 2005 年 7 月 1 日～ 2006 年 2 月 28 日

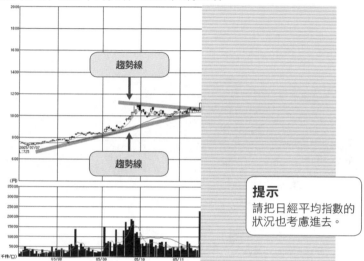

提示
請把日經平均指數的狀況也考慮進去。

Q29 假設你持有這檔一直都在盤整的個股，你會將停利點設定在哪裡？

古河電工（5801） 2005 年 5 月 2 日～ 2006 年 12 月 30 日

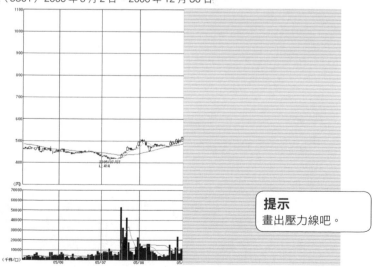

提示
畫出壓力線吧。

28 由於日經平均指數處於上升趨勢,使得這類大型股看似不容易下跌。因此,可考慮事前在A這個時間點買進。

住友金屬礦山(5713)2005 年 7 月 1 日～2006 年 2 月 28 日

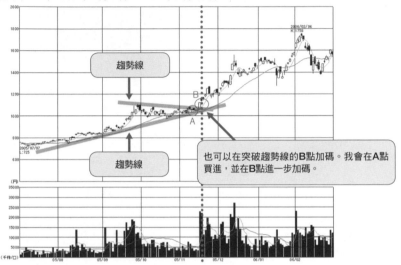

趨勢線

趨勢線

也可以在突破趨勢線的B點加碼。我會在A點買進,並在B點進一步加碼。

29 建議把這檔個股的停利點,設定在壓力線以上,與最近的低點到壓力線之間的股價幅度等距離的地方。

古河電工(5801)2005 年 5 月 2 日～2006 年 12 月 30 日

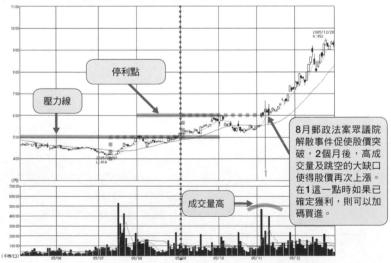

停利點

壓力線

成交量高

8月郵政法案眾議院解散事件促使股價突破,2個月後,高成交量及跳空的大缺口使得股價再次上漲。在1這一點時如果已確定獲利,則可以加碼買進。

Q30 面對這檔一直在盤整的個股，你會選擇賣出？或者是買進呢？

藤倉（5803）2005 年 7 月 1 日～ 2006 年 2 月 28 日

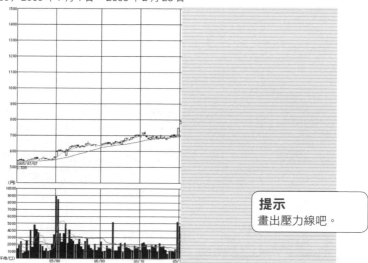

提示
畫出壓力線吧。

Q31 面對這檔一直在盤整的個股，你會選擇賣出？或者是買進呢？

住友金屬工業（5405）2005 年 3 月 1 日～ 2005 年 10 月 31 日

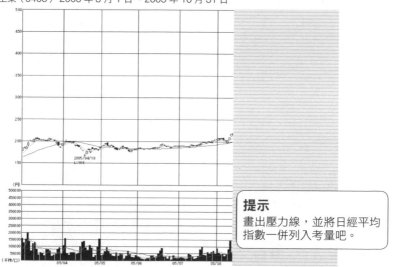

提示
畫出壓力線，並將日經平均
指數一併列入考量吧。

30 如果確認出現大陽線且成交量增加，就以加碼代替賣出。只要上升趨勢沒有改變，就該持續持有。

藤倉（5803）2005 年 7 月 1 日～ 2006 年 2 月 28 日

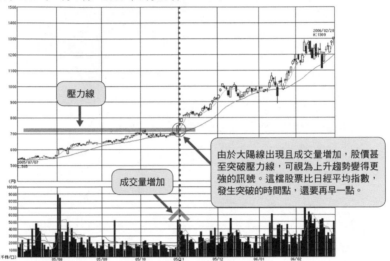

壓力線

成交量增加

由於大陽線出現且成交量增加，股價甚至突破壓力線，可視為上升趨勢變得更強的訊號。這檔股票比日經平均指數，發生突破的時間點，還要再早一點。

31 如果確認突破壓力線，就以加碼代替賣出。在日經平均指數不斷創新高的上升趨勢中，沒有不進場的理由。

住友金屬工業（5405） 2005 年 3 月 1 日～ 2005 年 10 月 31 日

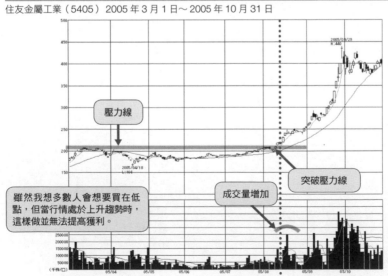

壓力線

突破壓力線

成交量增加

雖然我想多數人會想要買在低點，但當行情處於上升趨勢時，這樣做並無法提高獲利。

Q32

注意到和日經平均指數相同的下降趨勢線，且股價在A點已跌破了支撐線。如果是你會買進這檔股票嗎？

日本 ASJ 系統顧問公司（2351）2004 年 4 月 1 日～ 2005 年 1 月 31 日

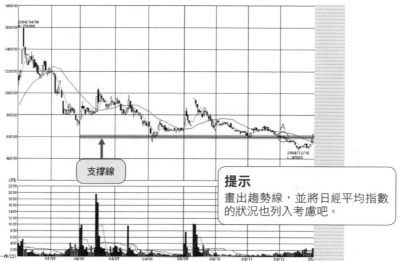

支撐線

提示
畫出趨勢線，並將日經平均指數的狀況也列入考慮吧。

Q33

A、B點的股價雖無法跨越25日移動平均線，但在C點卻似乎已站穩25日移動平均線。你會選擇賣出或買進？

高島屋（8233）2006 年 3 月 1 日～ 2006 年 10 月 31 日

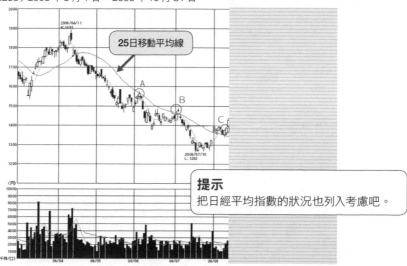

25日移動平均線

提示
把日經平均指數的狀況也列入考慮吧。

137

A 32
這時該買。股價已來到跨越5日移動平均線的B點階段，且日經平均指數突破了下降趨勢線，因此可預測股價將由此開始上漲。

日本 ASJ 系統顧問公司（2351）2004 年 4 月 1 日～ 2005 年 1 月 31 日

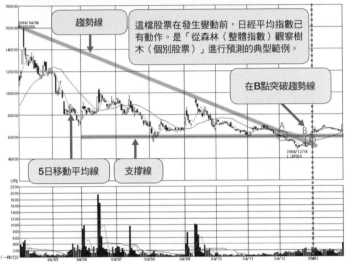

A 33
這時該買。股價雖然在A和B點被趨勢線壓回，卻在C點突破該線，可以想成是買壓意外強大形成的結果。

高島屋（8233）2006 年 3 月 1 日～ 2006 年 10 月 31 日

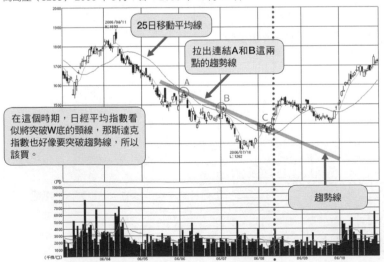

34 正在盤整趨勢中的這檔股票，今後將會如何變化？

任天堂（7974） 2006 年 5 月 1 日～ 2007 年 1 月 31 日

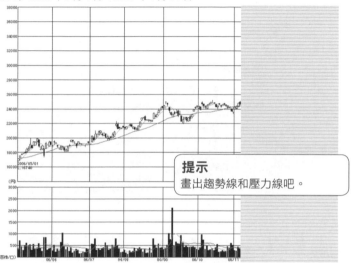

提示
畫出趨勢線和壓力線吧。

Q35 兩條趨勢線的間隙漸趨狹隘，且能量正持續累積。賣出或買進，該怎麼選？

德山（4043） 2006 年 4 月 3 日～ 2007 年 2 月 28 日

A34 壓力線和趨勢線的夾層漸趨狹窄，顯示能量處於蓄積狀態，因此可預測股價將會上漲。

任天堂（7974）2006 年 5 月 1 日～2007 年 1 月 31 日

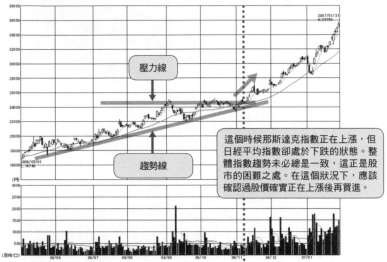

壓力線

趨勢線

這個時候那斯達克指數正在上漲，但日經平均指數卻處於下跌的狀態。整體指數趨勢未必總是一致，這正是股市的困難之處。在這個狀況下，應該確認過股價確實正在上漲後再買進。

A35 就結果而言應該買進，但其實這是相當讓人混亂的「騙線」案例。散戶投資人隨著操盤技巧提升，碰到這類「騙線」的狀況也會逐漸增多。

德山（4043）2006 年 4 月 3 日～2007 年 2 月 28 日

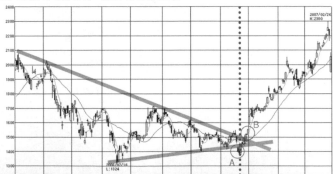

B

A

在這個例子中，就結果而言股價是上漲的。但是，在那之前會先刻意讓股價下跌，藉此引誘搞錯狀況的投資人賣股，接著股價一口氣往上爬升。重點在於，若持有股票時，能否在跌破趨勢線的A點進行停損。要是假設這是在騙線遲遲不停損，真正出現強力賣壓導致股價大跌時，就有套牢的危險。養成碰上問題卻放置不理的習慣的話，會造成致命傷，所以務必停損。此外，停損之後，在股價向上漲的B點再次買進也很重要。

Q36
請試著以技術分析以及日經平均股價指數，預測今後的股價動向。

樂天（4755） 2004 年 6 月 1 日～ 2005 年 1 月 31 日

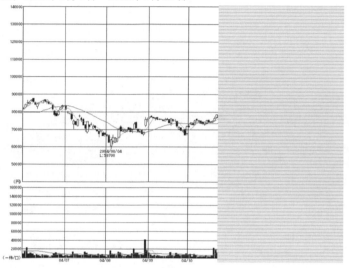

Q37
股價在急漲後持續處於盤整趨勢。請試著以技術分析以及日經平均股價指數，預測今後的股價動向。

Central Sports（4801） 2004 年 6 月 1 日～ 2005 年 2 月 28 日

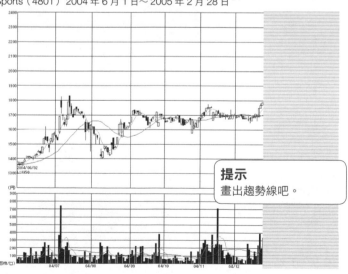

> **提示**
> 畫出趨勢線吧。

A36 兩條趨勢線集中匯聚，能量處於蓄積中的狀態。由於突破盤整趨勢，因此可預測股價將會上漲。

樂天（4755）2004 年 6 月 1 日～ 2005 年 1 月 31 日

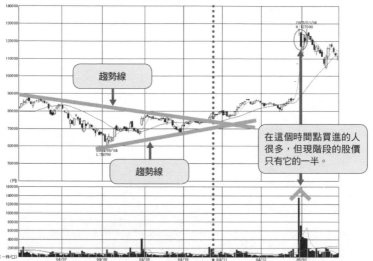

趨勢線

趨勢線

在這個時間點買進的人很多，但現階段的股價只有它的一半。

A37 這是急漲後突破高檔區間盤整趨勢的型態，可預測今後股價也會繼續上升。這就是股價在上漲後暫時盤整，而後又再次上升的型態。

Central Sports（4801）2004 年 6 月 1 日～ 2005 年 2 月 28 日

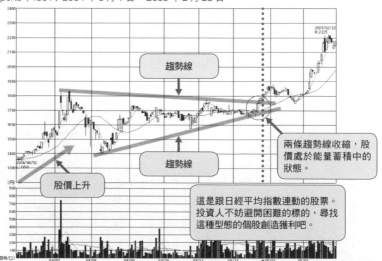

趨勢線

趨勢線

股價上升

兩條趨勢線收縮，股價處於能量蓄積中的狀態。

這是跟日經平均指數連動的股票。投資人不妨避開困難的標的，尋找這種型態的個股創造獲利吧。

Q 38

股價在急漲後持續呈現盤整趨勢。請依據技術分析，預測股價今後的動向。

大阪 Titanium（5726）2004 年 4 月 1 日～ 2004 年 11 月 30 日

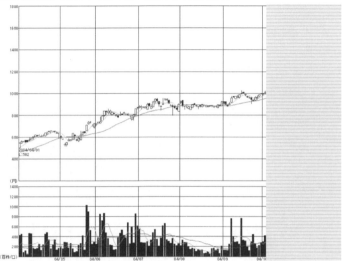

Q 39

雖然是下降趨勢的線圖型態，但接著股價開始上揚。這檔股票該買？或是再觀望一陣子呢？

三菱 UFJ NICOS（8583）2004 年 6 月 1 日～ 2004 年 12 月 30 日

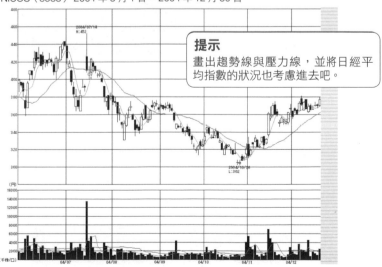

> **提示**
> 畫出趨勢線與壓力線，並將日經平均指數的狀況也考慮進去吧。

A38

與Q37相同，這是急漲後突破高檔區間盤整趨勢的型態，可預測今後股價會持續上升。在此必須注意的是，這檔個股股價並未和日經平均指數連動。

大阪 Titanium（5726） 2004 年 4 月 1 日～ 2004 年 11 月 30 日

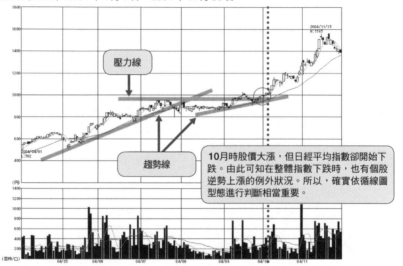

> 壓力線

> 趨勢線

> 10月時股價大漲，但日經平均指數卻開始下跌。由此可知在整體指數下跌時，也有個股逆勢上漲的例外狀況。所以，確實依循線圖型態進行判斷相當重要。

A39

這時該買。在A點可見大陽線強勢突破下降趨勢，股價將會明顯上漲。

三菱 UFJ NICOS（8583）2004 年 6 月 1 日～ 2004 年 12 月 30 日

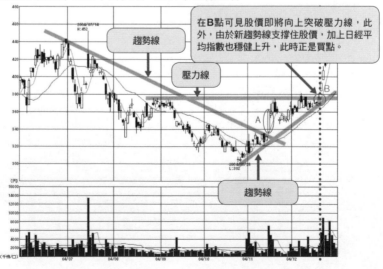

> 在B點可見股價即將向上突破壓力線，此外，由於新趨勢線支撐住股價，加上日經平均指數也穩健上升，此時正是買點。

> 趨勢線

> 壓力線

> 趨勢線

Q40

有檔股票的線圖型態如下。你認為今後股價會上漲？還是會下跌呢？

可果美（2811） 2004 年 3 月 1 日～ 2004 年 10 月 29 日

Q41

股價急漲後，可看出高成交量及大陰線使行情暫緩，且隨後進入盤整趨勢。你會選擇賣出，又或者是買進呢？

太平工業（1819） 2004 年 5 月 6 日～ 2004 年 12 月 30 日

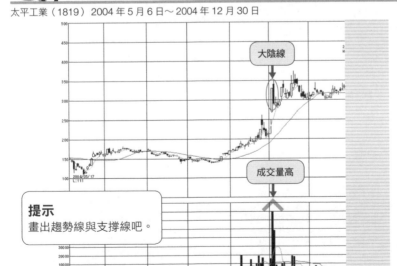

提示
畫出趨勢線與支撐線吧。

A40 由於這是突破盤整趨勢的線圖型態，可預測接下來股價將上漲。

可果美（2811）2004 年 3 月 1 日～2004 年 10 月 29 日

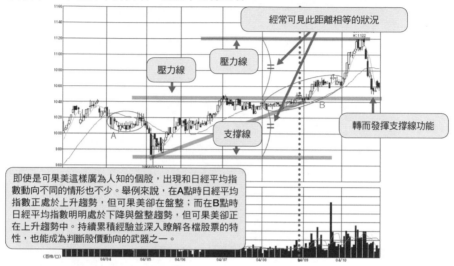

經常可見此距離相等的狀況

壓力線

壓力線

支撐線

轉而發揮支撐線功能

即使是可果美這樣廣為人知的個股，出現和日經平均指數動向不同的情形也不少。舉例來說，在A點時日經平均指數正處於上升趨勢，但可果美卻在盤整；而在B點時日經平均指數明明處於下降與盤整趨勢，但可果美卻正在上升趨勢中。持續累積經驗並深入瞭解各檔股票的特性，也能成為判斷股價動向的武器之一。

A41 這是名為「突破高檔盤整」的型態，代表買點。有時正想著行情好像要結束了，但股價卻有可能轉而上漲。

太平工業（1819）2004 年 5 月 6 日～2004 年 12 月 30 日

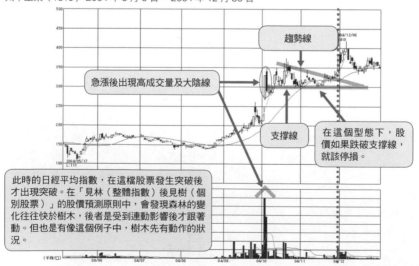

趨勢線

急漲後出現高成交量及大陰線

支撐線

在這個型態下，股價如果跌破支撐線，就該停損。

此時的日經平均指數，在這檔股票發生突破後才出現突破。在「見林（整體指數）後見樹（個別股票）」的股價預測原則中，會發現森林的變化往往快於樹木，後者是受到連動影響後才跟著動。但也是有像這個例子中，樹木先有動作的狀況。

Q42 日經平均指數明明處於上升趨勢，但這檔個股卻始終維持盤整趨勢。請以技術分析等方式為主，預測今後的股價動向。

東芝（6502）2005 年 6 月 1 日～ 2006 年 1 月 31 日

A42 這檔股票也呈現上升趨勢。在絕大多數個股都和日經平均指數連動，因而持續處於上升趨勢時，可預測東芝這類主力個股早晚會湧進買壓。

東芝（6502）2005 年 6 月 1 日～ 2006 年 1 月 31 日

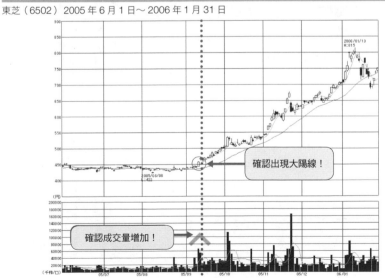

確認出現大陽線！

確認成交量增加！

「跌破」產生的賣壓，賣點應該怎麼設定？

「跌破」（Break down）和「突破」相反，是指股價從盤整趨勢，向下跌破趨勢線或支撐線。當發生跌破時，股價將暫時下跌，因此一旦發生跌破，就是賣出的訊號。

Q43 你會買進這檔股票嗎？請試著以技術分析預測今後的股價動向。

豐田汽車（7203） 2004 年 1 月 5 日～ 2004 年 12 月 30 日

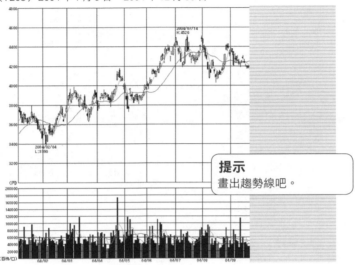

提示
畫出趨勢線吧。

Q44 圖中可看出上升趨勢。你會買進這檔股票嗎？

日揮（1963） 2004 年 5 月 6 日～ 2004 年 12 月 30 日

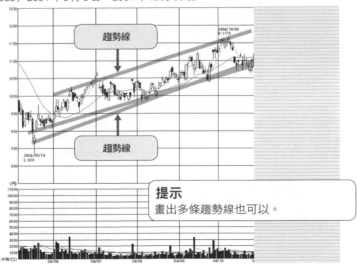

提示
畫出多條趨勢線也可以。

A43

股價在A點跌破趨勢線。根據跌破型態,股價暫時比較容易向下修正,不能買進。

豐田汽車(7203) 2004 年 1 月 5 日～ 2004 年 12 月 30 日

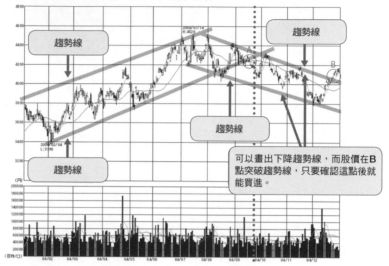

趨勢線

趨勢線

趨勢線

趨勢線

可以畫出下降趨勢線,而股價在B點突破趨勢線,只要確認這點後就能買進。

A44

由於突破或跌破趨勢線後,在一段時間內股價會往該方向移動,而這檔股票已跌破趨勢線,所以買進會有風險。

日揮(1963) 2004 年 5 月 6 日～ 2004 年 12 月 30 日

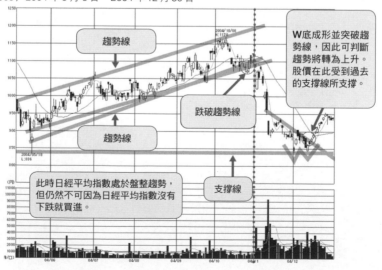

趨勢線

趨勢線

趨勢線

跌破趨勢線

W底成形並突破趨勢線,因此可判斷趨勢將轉為上升。股價在此受到過去的支撐線所支撐。

支撐線

此時日經平均指數處於盤整趨勢,但仍然不可因為日經平均指數沒有下跌就買進。

Q45

由於W底已經成形，因此可以預測股價將上漲，但結果進入盤整趨勢。另外，趨勢線和支撐線正在集中匯聚，股價今後的變動該如何判斷？

NEC Fielding（2322）2004年4月1日～2004年10月29日

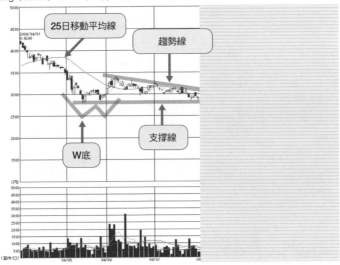

Q46 可預測盤整趨勢將出現突破，你是否會買進？

有明食品（2815）2004年5月6日～2004年12月30日

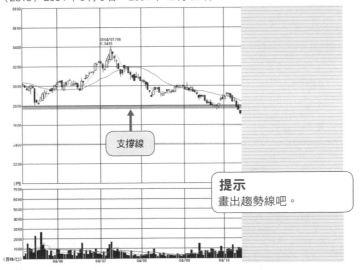

提示
畫出趨勢線吧。

A45
這是跌破盤整趨勢的型態，所以當股價低於25日移動平均線時，可以預測股價會隨之下跌。

NEC Fielding（2322）2004 年 4 月 1 日～ 2004 年 10 月 29 日

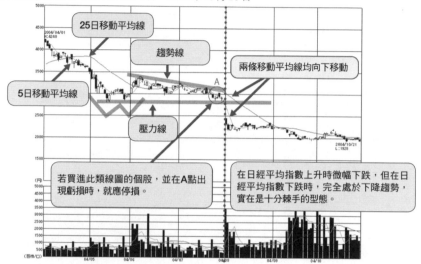

25日移動平均線

趨勢線

兩條移動平均線均向下移動

5日移動平均線

壓力線

若買進此類線圖的個股，並在A點出現虧損時，就應停損。

在日經平均指數上升時微幅下跌，但在日經平均指數下跌時，完全處於下降趨勢，實在是十分棘手的型態。

A46
在當前時間點，股價即將跌破支撐線。一旦確實跌破，支撐線就轉化為壓力線，所以不要買比較好。

有明食品（2815）2004 年 5 月 6 日～ 2004 年 12 月 30 日

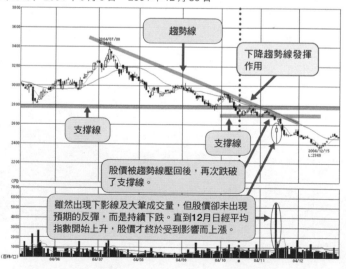

趨勢線

下降趨勢線發揮作用

支撐線

支撐線

股價被趨勢線壓回後，再次跌破了支撐線。

雖然出現下影線及大筆成交量，但股價卻未出現預期的反彈，而是持續下跌。直到12月日經平均指數開始上升，股價才終於受到影響而上漲。

Q47

這檔股票和日經平均指數連動。然而，當日經平均指數經過盤整開始上升時，這檔股票卻不為所動，甚至開始呈現下降趨勢，這樣可以買嗎？

Fonfun（2323） 2004 年 4 月 1 日～ 2004 年 12 月 30 日

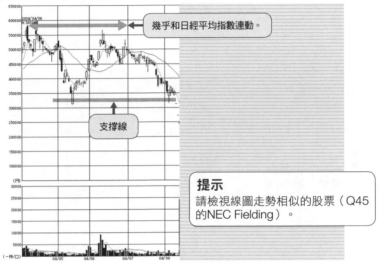

幾乎和日經平均指數連動。

支撐線

提示
請檢視線圖走勢相似的股票（Q45 的NEC Fielding）。

Q48

持續在盤整的這檔股票，你認為今後將如何變化？

GOLDWIN（8111） 2006 年 6 月 1 日～ 2007 年 1 月 31 日

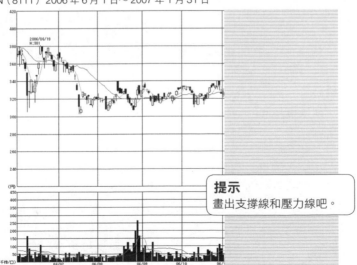

提示
畫出支撐線和壓力線吧。

A47

不能買。A點股價看似受到支撐線支撐,但應該有人已經發現,線圖走勢類似的 NEC Fielding 隨後出現了股價急跌的狀況。

Fonfun(2323) 2004 年 4 月 1 日〜 2004 年 12 月 30 日

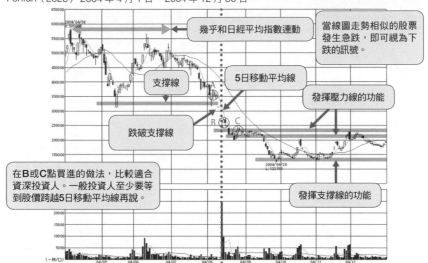

幾乎和日經平均指數連動

當線圖走勢相似的股票發生急跌,即可視為下跌的訊號。

支撐線

5日移動平均線

發揮壓力線的功能

跌破支撐線

在B或C點買進的做法,比較適合資深投資人。一般投資人至少要等到股價跨越5日移動平均線再說。

發揮支撐線的功能

A48

雖然可期待股價突破壓力線,但股價始終停滯在5日及25日移動平均線之下,所以可預測股價會下跌。

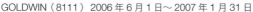

GOLDWIN(8111) 2006 年 6 月 1 日〜 2007 年 1 月 31 日

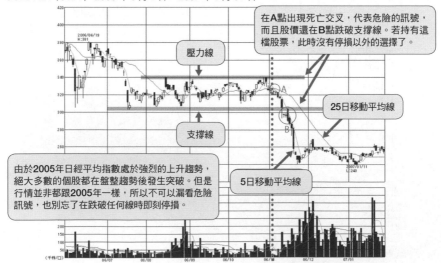

在A點出現死亡交叉,代表危險的訊號,而且股價還在B點跌破支撐線。若持有這檔股票,此時沒有停損以外的選擇了。

壓力線

25日移動平均線

支撐線

由於2005年日經平均指數處於強烈的上升趨勢,絕大多數的個股都在盤整趨勢後發生突破。但是行情並非都跟2005年一樣,所以不可以漏看危險訊號,也別忘了在跌破任何線時即刻停損。

5日移動平均線

Q 我們應該如何解讀股價的「跌破」型態？

 「突破」指的是創新高價，突破壓力線。「跌破」則是刷新低價，突破支撐線，詳細內容如前文所述。

針對「該如何解讀」這個疑問，我認為不妨將它視為「最後的一線生機」。舉例來說，請想像著日線並思考：當5日及25日移動平均線都向下發展，每日K棒出現陰線的頻率也多於陽線時，就是暗示賣壓正逐漸增強。

若持有這檔股票，會對股票獲利漸少的狀態感到不安，並且想賣股落袋為安的念頭也會越來越強烈。在這樣的狀態下，股價落到支撐線附近，而由於過去股價數次在這條線的價位帶反彈，因此往往容易被視為逢低買進的好時機。

然而，持有股票的人想賣股的想法越加強烈，比起想要逢低買進的力道，想要落袋為安、停損或是賣空等的賣壓更強，所以才會跌破支撐線，並刷新低價。這正是所謂的「跌破」。

在這種情況下，短時間股價雖然有可能回漲，但被跌破的支撐線會轉化為壓力線，即使股價稍微回升，也會立刻因為想脫手股票的賣壓而下跌，甚至加速下降趨勢發展的情況也很常見。

當我還是新手時，曾經有非常多次，因為無法在跌破時果斷停損，結果導致更大的損失。但是，現在我已經學會撤退，這也是我對「最後的一線生機」的認識。

從「支撐線」和「壓力線」，找出股價反轉價位

「支撐線」是過去股價數次止跌回升的底線（股價由此低點反彈）。相對地，「壓力線」則是過去股價數次反轉下跌的線（股價由此高點下跌）。這兩條線都是股價反轉的轉折點，也可作為預測動向的重要線索。所以，不要只畫出斜向的趨勢線作為輔助，也別忘了畫出橫向的支撐線及壓力線。

Q49

股價脫離盤整趨勢轉為急漲。你認為它是否會就此繼續上升？請運用技術分析進行判斷。

IBIDEN（4062）2006 年 9 月 1 日～ 2007 年 5 月 31 日

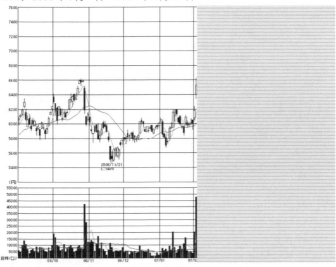

Q50

這是變動劇烈的IPO股。由於看到股價急漲，許多投資人心想「不立刻進場就太晚了」，於是變得想要買進。如果是你會如何選擇？

Cluster Technology（4240）2006 年 4 月 12 日～ 2006 年 10 月 31 日

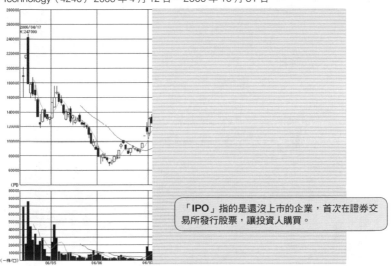

「**IPO**」指的是還沒上市的企業，首次在證券交易所發行股票，讓投資人購買。

157

A49

在這個案例中，以最近高點為基準畫出的壓力線依然存在，股價在此被壓回。

IBIDEN（4062）2006 年 9 月 1 日～ 2007 年 5 月 31 日

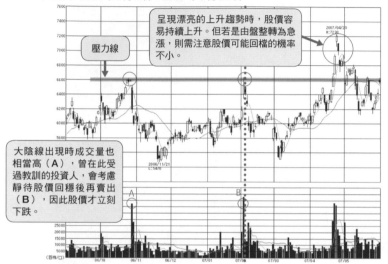

> 呈現漂亮的上升趨勢時，股價容易持續上升。但若是由盤整轉為急漲，則需注意股價可能回檔的機率不小。

壓力線

> 大陰線出現時成交量也相當高（**A**），曾在此受過教訓的投資人，會考慮靜待股價回穩後再賣出（**B**），因此股價才立刻下跌。

A50

在成交量相對高的地方畫出支撐線，在這個價位帶買進這檔股票的人很多，且股票已被套牢，所以不要進場比較好。

Cluster Technology（4240）2006 年 4 月 12 日～ 2006 年 10 月 31 日

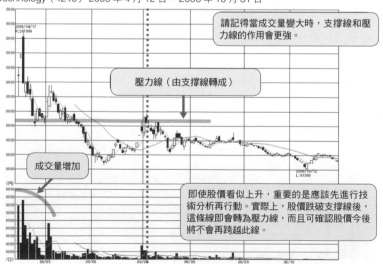

> 請記得當成交量變大時，支撐線和壓力線的作用會更強。

壓力線（由支撐線轉成）

成交量增加

> 即使股價看似上升，重要的是應該先進行技術分析再行動。實際上，股價跌破支撐線後，這條線即會轉為壓力線，而且可確認股價今後將不會再跨越此線。

Q51 顯而易見，股價受到連接A和B點的趨勢線支撐，請試著預測今後的股價動向。

豐田汽車（7203）2006 年 6 月 1 日～ 2007 年 2 月 28 日

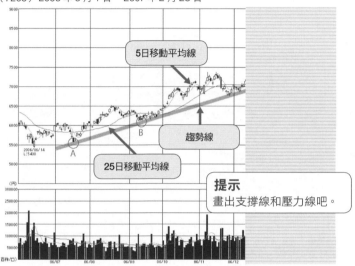

5日移動平均線

趨勢線

25日移動平均線

提示
畫出支撐線和壓力線吧。

Q52 預測會出現N字型的線圖型態，結果卻出現了死亡交叉。之後股價再次以陽線站上5日移動平均線。這時候該買嗎？

商船三井（9104）2006 年 4 月 3 日～ 2006 年 12 月 30 日

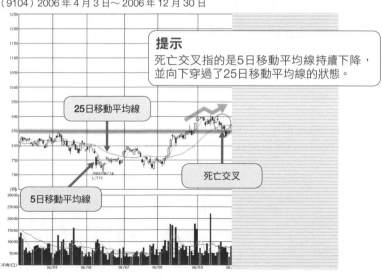

提示
死亡交叉指的是5日移動平均線持續下降，並向下穿過了25日移動平均線的狀態。

25日移動平均線

死亡交叉

5日移動平均線

A51

由於出現黃金交叉，可以預測股價將上漲。此外，因為股價突破了壓力線，這條線轉為支撐線，往後將能阻止股價下跌。

豐田汽車（7203）2006 年 6 月 1 日～ 2007 年 2 月 28 日

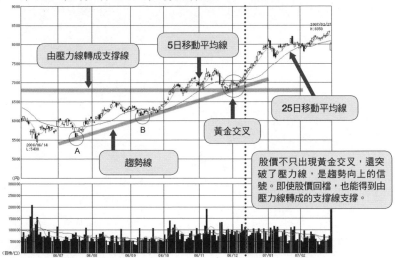

由壓力線轉成支撐線

5日移動平均線

25日移動平均線

黃金交叉

B

A

趨勢線

股價不只出現黃金交叉，還突破了壓力線，是趨勢向上的信號。即使股價回檔，也能得到由壓力線轉成的支撐線支撐。

A52

這時該買。由於股價突破壓力線，使其轉為支撐線。如此可確認股價將受到此線支撐。

商船三井（9104）2006 年 4 月 3 日～ 2006 年 12 月 30 日

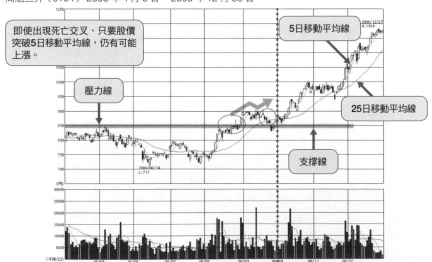

即使出現死亡交叉，只要股價突破5日移動平均線，仍有可能上漲。

5日移動平均線

壓力線

25日移動平均線

支撐線

初學者提問專區

Q 請教我檢視支撐線及壓力線的訣竅。

各位是否經常在財經節目中，聽到「等待漲回再賣出」的說法呢？事實上，這個說法可以用壓力線來換句話說。當股價在一定期間內，滯留在某個價格區間，之後卻轉為下跌時，在這個價格區間買進的所有投資人，都承受未實現虧損。

舉例來說，讓我們看日經平均指數的週線圖。在2008年2月上旬，日經平均指數正好在13000至14000點之間起伏。這樣的價位，其實是2005年11月以來的低點。說得極端一點，在2005年11月到2008年11月底的兩年三個月之間，買進日經平均連動型投資信託的投資人，全都在承受著未實現虧損。

當然，應該沒有人會為了虧損而買進投資信託。正是因為不想要虧錢的心理，才會有無法果斷停損的人性。一旦嚐到抱持著未實現虧損的不快，投資人會考慮要脫手，即使股價回漲後損益打平也沒關係，至少要賣出股票換回現金。

這種人性心理的集合體形成巨大賣壓，也就是壓力線（買壓則正好相反）。根據這個狀況畫出的壓力線，就是推測會有許多人等待漲回再賣出的股價水準。也就是說，股價即使上漲，這是預期會有強烈賣壓湧進的價位＝壓力線。逢低買進的人大量出現的股價水準，就是即使股價下跌，也預期會有強烈買壓湧進的價位＝支撐線。

行情能量的大小，
就看「成交量」增減

「成交量」反映股市行情的能量，特別是成交量急增時更須格外注意。判斷方法如下：當成交量在低檔區間急增，代表買進的訊號（今後股價可能上升）；若成交量在高檔區間急增，代表賣出的訊號（今後股價將可能下跌）。

Q53 請試著以技術分析、日經平均指數，以及美國股市的狀況，預測今後的股價動向。

太平洋金屬（5541）2006 年 4 月 3 日～ 2006 年 11 月 30 日

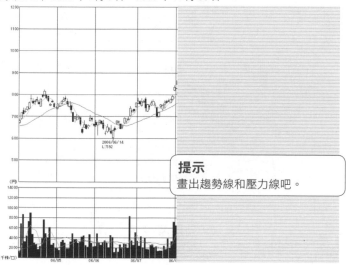

提示
畫出趨勢線和壓力線吧。

Q54 持續下跌的股價看似有止跌回升的跡象。你會選擇在這個時候買進？或再觀望一陣子？

Cleanup（7955）2004 年 7 月 1 日～ 2005 年 2 月 28 日

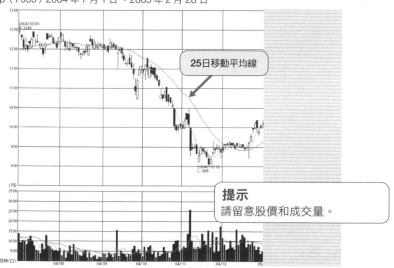

25日移動平均線

提示
請留意股價和成交量。

A53
股價伴隨著成交量增加突破了壓力線。這個時候日經平均指數及美國股市狀況都不錯，所以可以判斷股價接下來會上漲。

太平洋金屬（5541）2006 年 4 月 3 日～2006 年 11 月 30 日

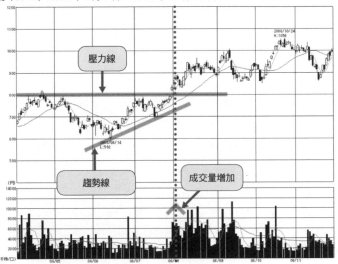

A54
成交量在低檔區間急增，是買進的訊號。但不要急於進場，而是要盡量找到一個像A點般，明確透露上升趨勢的訊號。

Cleanup（7955）2004 年 7 月 1 日～2005 年 2 月 28 日

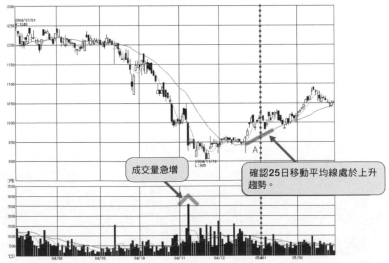

Q55 成交量在低檔區間有增加的趨勢。如果是你會買進嗎？

Avex Group（7860） 2006 年 4 月 3 日～ 2007 年 3 月 30 日

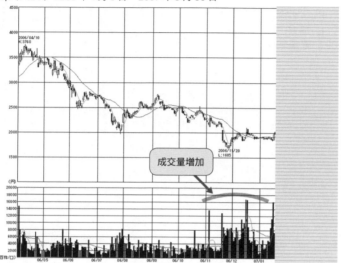

A55 除了成交量在低檔區間可見增加的趨勢外，股價也在A點突破了趨勢線。然而上升趨勢只有一瞬間，股價在C點後又開始下跌。

Avex Group（7860） 2006 年 4 月 3 日～ 2007 年 3 月 30 日

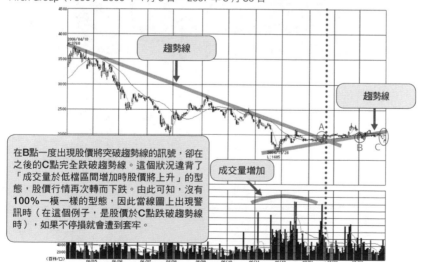

在B點一度出現股價將突破趨勢線的訊號，卻在之後的C點完全跌破趨勢線。這個狀況違背了「成交量於低檔區間增加時股價將上升」的型態，股價行情再次轉而下跌。由此可知，沒有100%一模一樣的型態，因此當線圖上出現警訊時（在這個例子，是股價於C點跌破趨勢線時），如果不停損就會遭到套牢。

活用「K棒」，找出造成反轉的買賣壓

「K棒」顯示股價一天的變動。值得關注的大陽線，代表買壓不斷湧入，並具備強勁的上升能量。當大陽線出現在低檔區間，行情很可能進入上升趨勢。應該警戒的大陰線，代表賣壓不斷出現，並具備強勁的下跌能量。若大陰線出現在高檔區間，股價很可能進入下降趨勢。

Q56

在A點出現跳空缺口的股價反轉上漲。而在B點也同樣出現缺口，今後股價將會如何變動？

東京巨蛋（9681）2006 年 7 月 3 日～ 2007 年 1 月 31 日

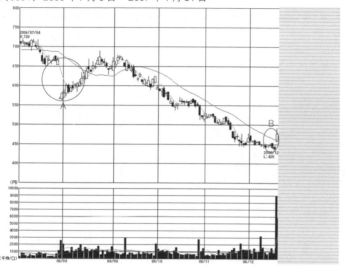

Q57

這是高成交量＋大跳空缺口的線圖型態。請預測今後股價將會如何變動。

日興證券（8603）2006 年 8 月 1 日～ 2007 年 2 月 28 日　　　　※ 已於 2008 年 1 月 23 日下市

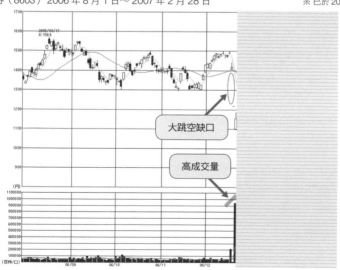

A56 當股價向上跳空時，成交量也急增，所以可預測股價會朝著和缺口相同的方向移動，也就是說股價會上漲。

東京巨蛋（9681）2006 年 7 月 3 日～2007 年 1 月 31 日

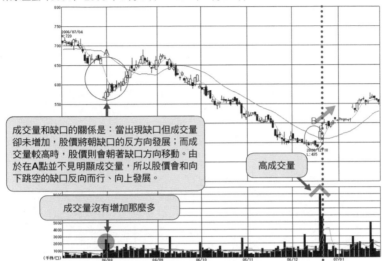

成交量和缺口的關係是：當出現缺口但成交量卻未增加，股價將朝缺口的反方向發展；而成交量較高時，股價則會朝著缺口方向移動。由於在A點並不見明顯成交量，所以股價會和向下跳空的缺口反向而行、向上發展。

高成交量

成交量沒有增加那麼多

A57 出現伴隨高成交量的跳空缺口時，股價會循著缺口方向變動。但這檔個股，卻是朝著缺口反方向變動的例外狀況。

日興證券（8603）2006 年 8 月 1 日～2007 年 2 月 28 日

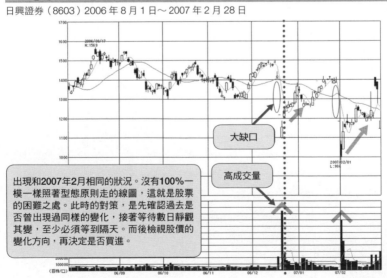

大缺口

高成交量

出現和2007年2月相同的狀況。沒有100%一模一樣照著型態原則走的線圖，這就是股票的困難之處。此時的對策，是先確認過去是否曾出現過同樣的變化，接著等待數日靜觀其變，至少必須等到隔天。而後檢視股價的變化方向，再決定是否買進。

Q58

日經平均指數雖處於上升趨勢，但這檔股票不僅不見上漲，甚至出現了下跌的傾向。請運用技術分析預測今後的動向。

芝浦 MECHATRONICS（6590） 2005 年 7 月 1 日～ 2006 年 1 月 31 日

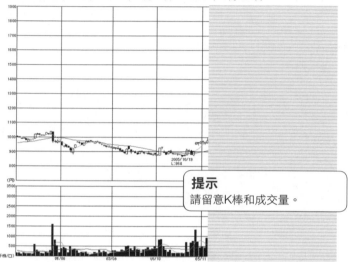

提示
請留意K棒和成交量。

Q59

成交量急速增加，但出現陰線K棒的蹤跡，如果是你會在此時買進嗎？

小松製作所（6301）2005 年 6 月 1 日～ 2005 年 11 月 30 日

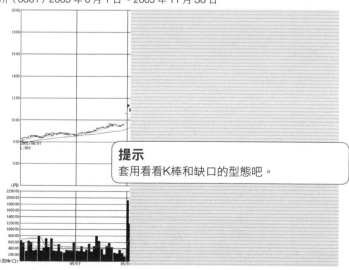

提示
套用看看K棒和缺口的型態吧。

A58 從股價的大缺口及高成交量來看，可預測股價將會循著缺口方向向上爬升。

芝浦 MECHATRONICS（6590）2005 年 7 月 1 日～ 2006 年 1 月 31 日

日經平均指數於8月中旬暴漲，而這檔股票是在進入11月後，才藉著高成交量及大缺口，進入強勁的上升趨勢。在上升趨勢中，為了不錯過個股的變動訊號，必須每天都檢視。

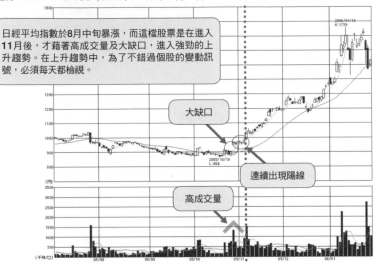

大缺口

連續出現陽線

高成交量

A59 雖然出現陰線，但根據高成交量及大缺口判斷，行情會向上發展。而且，日經平均指數也處於上升趨勢，所以可預測這檔個股股價會上漲。

小松製作所（6301） 2005 年 6 月 1 日～ 2005 年 11 月 30 日

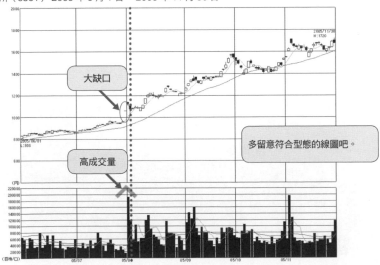

大缺口

高成交量

多留意符合型態的線圖吧。

Q60 高成交量、大缺口且K棒出現上影線。這時候股價是否會在沒有回補缺口的狀況下，進入新一波的上升趨勢呢？

KYB（7242）2006 年 5 月 1 日～ 2006 年 12 月 29 日

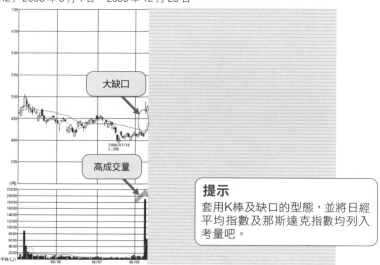

大缺口

2006/07/19
L：395

高成交量

提示
套用K棒及缺口的型態，並將日經平均指數及那斯達克指數均列入考量吧。

Q61 請預測股價今後的動向。

BOSCH（6041）2004 年 3 月 1 日～ 2004 年 9 月 30 日

2004/05/11
L：344

提示
請試著套入K棒及跳空的型態。

A60 從高成交量及大缺口的型態，可預測股價將會向上發展。此外，由於日經平均指數和那斯達克指數也處於上升趨勢，所以可以判斷應該買進。

KYB（7242）2006 年 5 月 1 日～ 2006 年 12 月 29 日

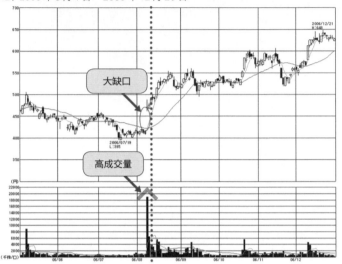

A61 這是高成交量與大缺口的型態。由於成交量伴隨大缺口增加，所以可以預測股價將朝向缺口打開的方向變動。

BOSCH（6041） 2004 年 3 月 1 日～ 2004 年 9 月 30 日

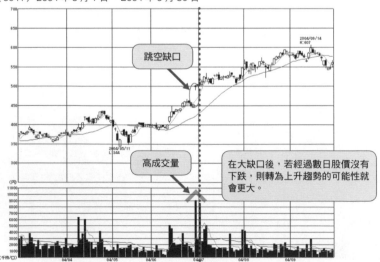

Q62

可看出W底，K棒來到5日移動平均線上方且陽線增多。請預測今後的股價動向。

先鋒公司（6773）2006年4月3日～2006年9月29日

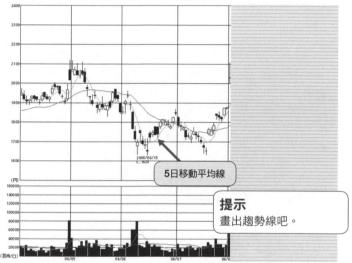

5日移動平均線

提示
畫出趨勢線吧。

Q63

伴隨高成交量而出現大跳空缺口，股價也因此上升。你會買進嗎？又會把停利點設在哪裡？

ASICS 亞瑟士（7936）2006年5月1日～2006年11月30日

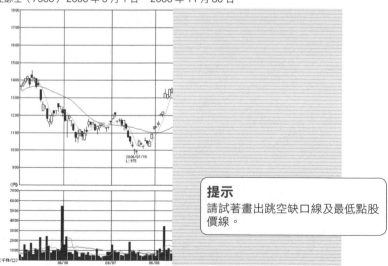

提示
請試著畫出跳空缺口線及最低點股價線。

A62

畫出趨勢線後就能看出，由於股價已經突破趨勢線，所以可以預測接下來會上漲。

先鋒公司（6773）2006 年 4 月 3 日～ 2006 年 9 月 29 日

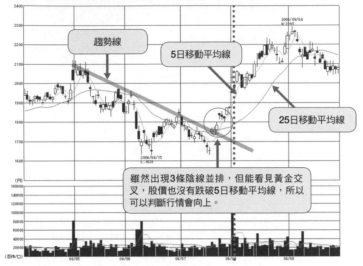

趨勢線

5日移動平均線

25日移動平均線

雖然出現3條陰線並排，但能看見黃金交叉，股價也沒有跌破5日移動平均線，所以可以判斷行情會向上。

A63

股價向上跳空時成交量急增，而且還出現陽線，所以可以預測股價會往向上的缺口方向上升。

ASICS 亞瑟士（7936）2006 年 5 月 1 日～ 2006 年 11 月 30 日

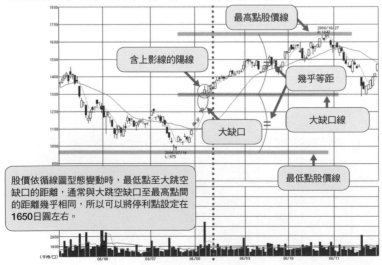

最高點股價線

含上影線的陽線

幾乎等距

大缺口線

大缺口

最低點股價線

股價依循線圖型態變動時，最低點至大跳空缺口的距離，通常與大跳空缺口至最高點間的距離幾乎相同，所以可以將停利點設定在**1650日圓**左右。

Q64
雖然在A點出現了陰線，股價依然急漲。在B點則出現含上影線的陰線及大陰線。你會選擇在此時賣出嗎？或再等待獲利繼續增加？

C4 科技（2355） 2004 年 4 月 5 日～ 2004 年 11 月 30 日

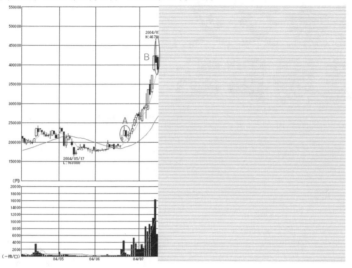

A64
股價急漲，再加上出現含上影線的陰線及大陰線時，股價下跌的可能性就會增大。因此應該盡快落袋為安，並靜觀其變比較好。

C4 科技（2355） 2004 年 4 月 5 日～ 2004 年 11 月 30 日

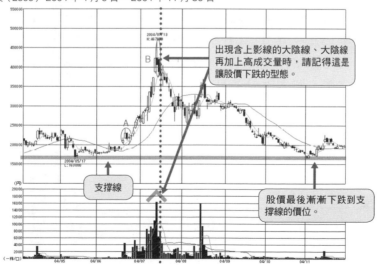

出現含上影線的大陰線、大陰線再加上高成交量時，請記得這是讓股價下跌的型態。

支撐線

股價最後漸漸下跌到支撐線的價位。

從常見的上升型態「黃金交叉」，找進場買點

「黃金交叉」是指 5 日移動平均線，由下向上穿過 25 日移動平均線的狀態。在這之後，股價上升的可能性會大幅增加。

※ 股價線圖的移動平均線當中，顏色較濃的是 25 日移動平均線，較淡的是 5 日移動平均線。

Q65 股價在A點站上5日移動平均線，所以決定買進，但後來卻立刻下跌了。不過，股價在B點再次回到5日移動平均線上方，會買嗎？

NEC Fielding（2322）2006 年 3 月 1 日～2006 年 10 月 31 日

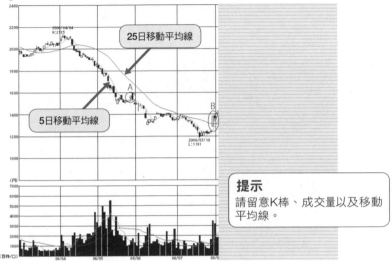

提示

請留意K棒、成交量以及移動平均線。

Q66 股價看似處於盤整趨勢，請以技術分析預測今後股價的動向。

住友金屬礦山（5713）2006 年 8 月 1 日～2007 年 3 月 30 日

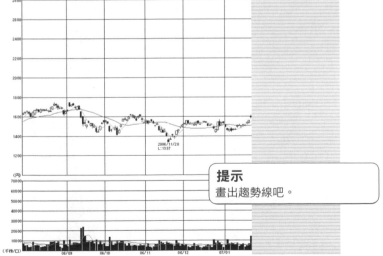

提示

畫出趨勢線吧。

A 65
這時該買。在B點出現黃金交叉，所以可以預測股價將會上漲。此外，區分A和B點差異的關鍵，如以下線圖所示。

NEC Fielding（2322） 2006 年 3 月 1 日～ 2006 年 10 月 31 日

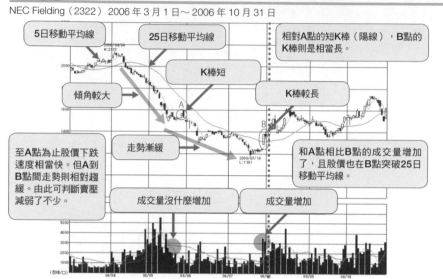

- 5日移動平均線
- 25日移動平均線
- 相對A點的短K棒（陽線），B點的K棒則是相當長。
- K棒短
- 傾角較大
- K棒較長
- 至A點為止股價下跌速度相當快。但A到B點間走勢則相對趨緩。由此可判斷賣壓減弱了不少。
- 走勢漸緩
- 和A點相比B點的成交量增加了，且股價也在B點突破25日移動平均線。
- 成交量沒什麼增加
- 成交量增加

A 66
從趨勢線可見，股價突破盤整趨勢後向上發展。此外，由移動平均線出現黃金交叉，也可以做出相同的判斷。

住友金屬礦山（5713） 2006 年 8 月 1 日～ 2007 年 3 月 30 日

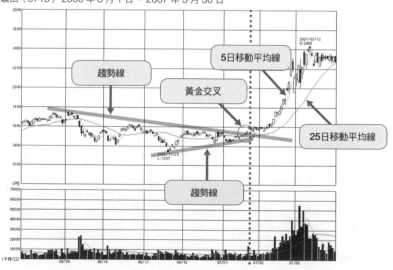

- 趨勢線
- 5日移動平均線
- 黃金交叉
- 25日移動平均線
- 趨勢線

Q67　頭肩底型態已成形，移動平均線也出現黃金交叉，接下來的走勢該如何預測？

東京急行（9005）2006 年 5 月 1 日〜2006 年 12 月 30 日

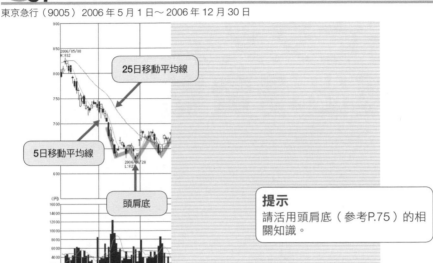

> **提示**
> 請活用頭肩底（參考P.75）的相關知識。

A67　除了出現黃金交叉之外，股價也突破5日移動平均線，因此判斷股價應會上升。

東京急行（9005）2006 年 5 月 1 日〜2006 年 12 月 30 日

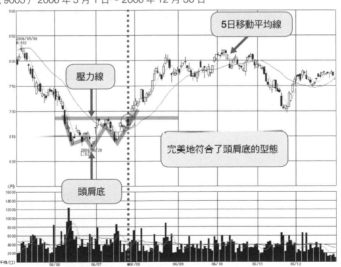

從常見的下降型態「死亡交叉」，掌握出場賣點

「死亡交叉」是指 5 日移動平均線，由上向下穿過 25 日移動平均線的狀態。和「黃金交叉」相反，股價下跌的可能性很高，所以可視為**賣出訊號**。

※ 股價線圖的移動平均線當中，顏色較濃的是 25 日移動平均線，較淡的是 5 日移動平均線。

Q68
這是三角收斂的線圖型態。你認為今後股價是否會上升？請做出預測並思考原因。

丸三證券（8613） 2006 年 5 月 1 日～ 2006 年 12 月 29 日

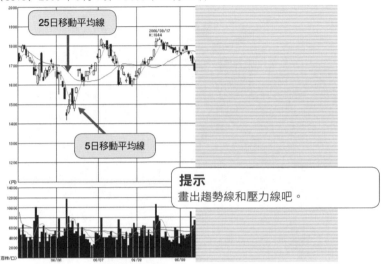

Q69
W底成形，股價也突破趨勢線，而且還在低檔區間出現高成交量。一次出現3項絕佳條件，你是否會選擇進場？

有沢製作所（5208） 2006 年 4 月 3 日～ 2006 年 11 月 30 日

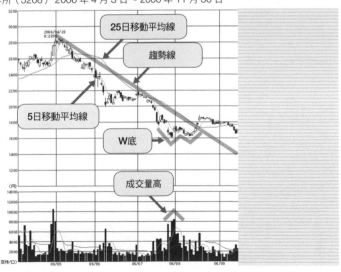

A68

由於出現以下3項訊號：①無法突破壓力線、②已跌破趨勢線、③出現死亡交叉，所以可以預測股價將會下跌。

丸三證券（8613）2006 年 5 月 1 日～2006 年 12 月 29 日

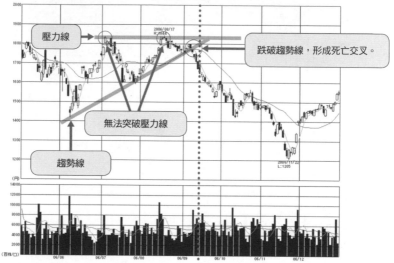

A69

即使具備絕佳條件，一旦移動平均線出現死亡交叉，就不應該買進。這個觀念可說是技術分析最基本的概念。

有沢製作所（5208）2006 年 4 月 3 日～2006 年 11 月 30 日

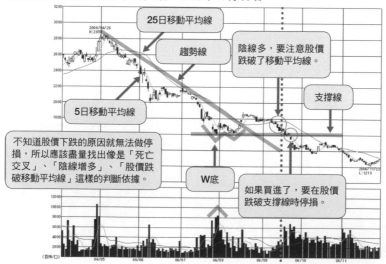

Q70　股價在趨勢線反彈，並且在確認股價站上5日移動平均線後買進。然而，股價卻再次跌到5日移動平均線下方，該怎麼辦？

住友橡膠（5110）2006 年 7 月 3 日～ 2007 年 2 月 28 日

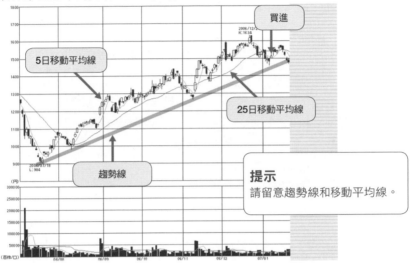

買進

2006/12/5
H: 1634

5日移動平均線

25日移動平均線

2006/07/18
L: 904

趨勢線

提示
請留意趨勢線和移動平均線。

Q71　股價突破了趨勢線，且K棒呈陽線還來到5日移動平均線上，所以買進。然而，之後股價卻下跌，該怎麼辦？

有沢製作所（5208）2006 年 4 月 3 日～ 2006 年 11 月 30 日

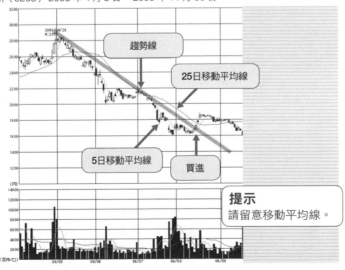

2006/04/28
H: 2850

趨勢線

25日移動平均線

5日移動平均線

買進

提示
請留意移動平均線。

183

A70 此時期正逢世界股災前，所以日經平均指數狀況不錯，但這檔個股的移動平均線已經出現死亡交叉，因此應該盡早停損比較好。

住友橡膠（5110）2006 年 7 月 3 日～2007 年 2 月 28 日

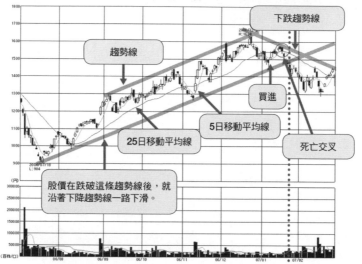

A71 股價雖然突破趨勢線，但移動平均線已出現死亡交叉，且陰線也有增多的趨勢，所以應該盡早賣出比較好。

有沢製作所（5208）2006 年 4 月 3 日～2006 年 11 月 30 日

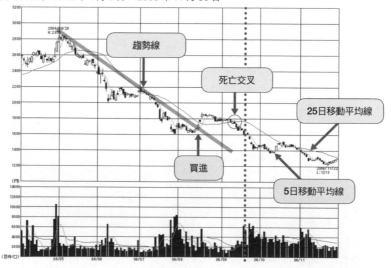

Q72 這檔股票在A點出現黃金交叉後，股價開始上漲。但在B點出現了死亡交叉，你會選擇賣出嗎？

三井製糖（2109）2004 年 2 月 2 日～ 2004 年 10 月 31 日

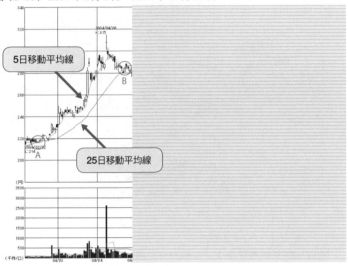

Q73 出現頭肩頂型態。如果你持有這檔股票，會選擇賣出或繼續抱著？

丸井集團（8252）2006 年 7 月 3 日～ 2007 年 2 月 28 日

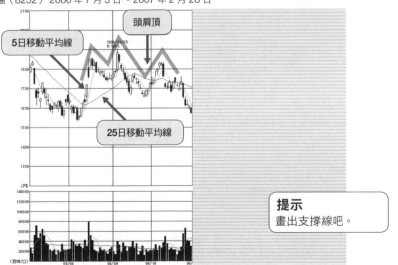

提示
畫出支撐線吧。

185

A72

由於在A點出現黃金交叉後，股價一帆風順地持續上揚。因此當走勢出現死亡交叉，應該盡早賣出比較安全。

三井製造（2109）2004 年 2 月 2 日～ 2004 年 10 月 31 日

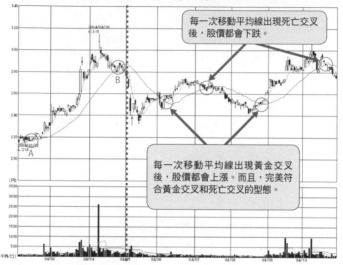

> 每一次移動平均線出現死亡交叉後，股價都會下跌。

> 每一次移動平均線出現黃金交叉後，股價都會上漲。而且，完美符合黃金交叉和死亡交叉的型態。

A73

移動平均線出現死亡交叉（A點）。由於股價已跌破支撐線（B點），因此應該盡早賣出股票停損比較好。

丸井集團（8252） 2006 年 7 月 3 日～ 2007 年 2 月 28 日

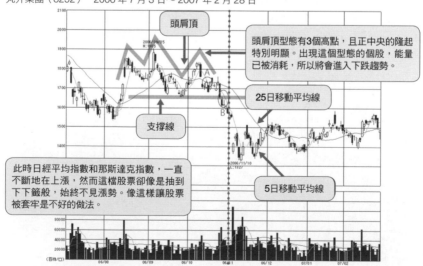

> 頭肩頂

> 頭肩頂型態有3個高點，且正中央的隆起特別明顯。出現這個型態的個股，能量已被消耗，所以將會進入下跌趨勢。

> 25日移動平均線

> 支撐線

> 5日移動平均線

> 此時日經平均指數和那斯達克指數，一直不斷地在上漲，然而這檔股票卻像是抽到下下籤般，始終不見漲勢。像這樣讓股票被套牢是不好的做法。

頭肩頂的各種型態

CASIO（6952）2006 年 5 月 1 日～ 2006 年 12 月 29 日

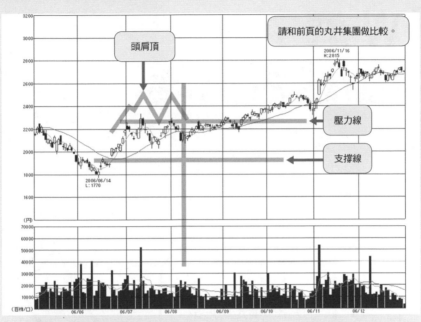

將停損點作為判斷的基準

上方的 CASIO 和 Q73 丸井集團，雖然都出現相似的頭肩頂線圖型態，但 CASIO 的股價卻逆勢上漲。此外，日經平均指數及那斯達克指數行情都不錯，所以這檔股票也依循股市整體的行情，漲勢更加強烈。

由此可見，只要綜合整體指數進行檢視，就能提高預測股價動向的精準度。

但是，也有如丸井集團這樣，走勢有別於股市整體動向的例子，所以要 100% 預測出股價的波動是不可能的任務。

因此，當股價跌破停損點時，應該盡早賣出股票。「早一步停損才會獲利」是很重要的。

從常見的買進訊號 「W 底」， 判斷能否進場

「W 底」是指股價走勢形成如英文字母「W」般，在接連兩次探底後開始上升的型態。特別是當股價突破頸線（兩次低點間反彈的高點）時，上漲的可能性增高，這也代表買進的訊號。此時若發現成交量急增，股價上漲的可能會更大。

Q74 下圖中W底型態已成形，股價也看似處於上升趨勢。你會將停利點設定在哪裡？

日本 Carbon（5302） 2006 年 3 月 1 日～ 2006 年 10 月 31 日

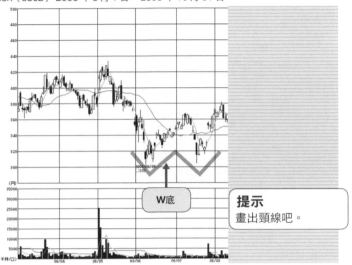

W底

提示
畫出頸線吧。

Q75 下圖中W底型態已成形，且成交量增加。你會買進這檔股票嗎？

Noritake（5331） 2006 年 4 月 3 日～ 2006 年 11 月 30 日

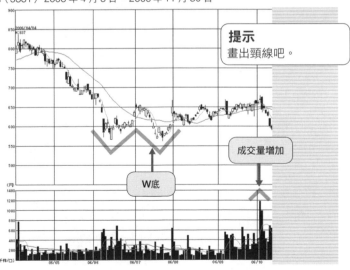

提示
畫出頸線吧。

W底

成交量增加

A74

在W底型態中的停利點，是在頸線往上、與低點到頸線間相同漲幅的價位帶。當W底成形，且股價跨越頸線時即可買進。

日本 Carbon（5302）2006 年 3 月 1 日～ 2006 年 10 月 31 日

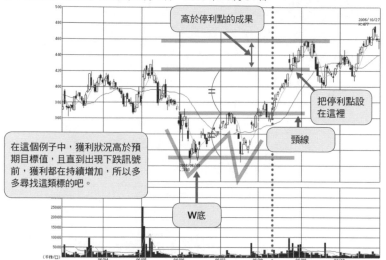

高於停利點的成果

把停利點設在這裡

頸線

在這個例子中，獲利狀況高於預期目標值，且直到出現下跌訊號前，獲利都在持續增加，所以多多尋找這類標的吧。

W底

A75

股價不僅跌破趨勢線，還跨越不了W底頸線，所以不要買比較安全。

Noritake（5331）2006 年 4 月 3 日～ 2006 年 11 月 30 日

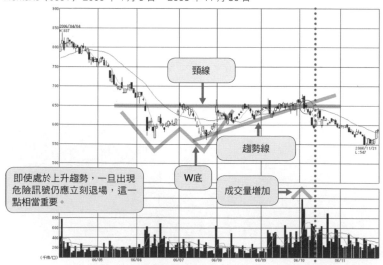

頸線

趨勢線

W底

成交量增加

即使處於上升趨勢，一旦出現危險訊號仍應立刻退場，這一點相當重要。

76 線圖中W底型態已成形。你會買進嗎？又會將停利點設定在哪裡？

摩斯漢堡（8153） 2006 年 9 月 1 日～ 2007 年 3 月 16 日

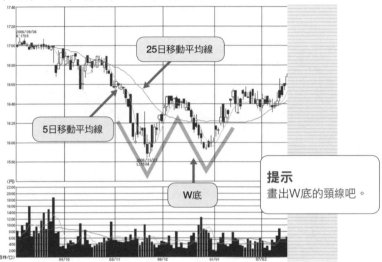

線圖中：25日移動平均線

5日移動平均線

W底

提示
畫出W底的頸線吧。

77 線圖中大致可看出W底已成形。你是否會買進？請預測今後的股價動向。

三菱 UFJ NICOS（8583） 2006 年 6 月 1 日～ 2007 年 1 月 31 日

W底

A 76 W底成形，股價也已經跨越頸線，所以該買。停利點就設在頸線
上方、漲幅與低點到頸線間相同幅度的價位帶。

摩斯漢堡（8153）2006 年 9 月 1 日～ 2007 年 3 月 16 日

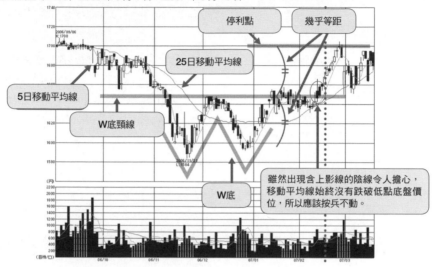

A 77 看似W底將成形，但實際上股價卻崩盤了。股價不只跌破W底，
並且有即將進入下跌趨勢的傾向，所以不要買比較安全。

三菱 UFJ NICOS（8583）2006 年 6 月 1 日～ 2007 年 1 月 31 日

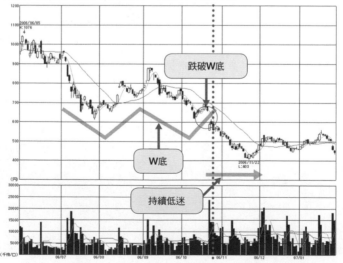

Q78

此線圖中可見到W底已成形，所以預測股價將會上漲。你會在何時買進？請指出買點。

讀賣樂園（9671）2006 年 5 月 1 日～ 2007 年 2 月 28 日

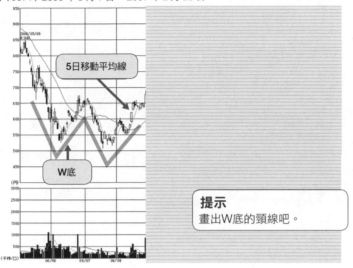

Q79

有一檔個股的線圖型態如下，你會選擇買進？還是賣出？如果要買，請指出停利點。

東武鐵道（9001）2004 年 7 月 1 日～ 2005 年 2 月 28 日

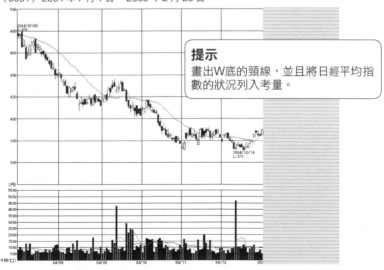

A78

兩次觸底的股價來到5日移動平均線上方的話,可以看成是W底已成形,而這裡就是買點。

讀賣樂園(9671) 2006年5月1日~2007年2月28日

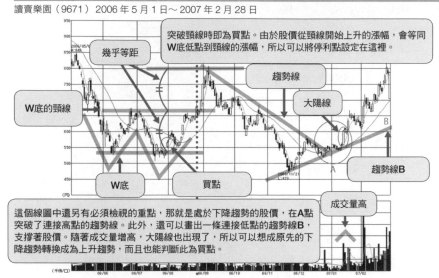

突破頸線時即為買點。由於股價從頸線開始上升的漲幅,會等同W底低點到頸線的漲幅,所以可以將停利點設定在這裡。

幾乎等距

趨勢線

大陽線

W底的頸線

趨勢線B

W底

買點

成交量高

這個線圖中還另有必須檢視的重點,那就是處於下降趨勢的股價,在A點突破了連接高點的趨勢線。此外,還可以畫出一條連接低點的趨勢線B,支撐著股價。隨著成交量增高,大陽線也出現了,所以可以想成原先的下降趨勢轉換成為上升趨勢,而且也能判斷此為買點。

A79

在日經平均指數上升的同時W底成形了,所以可以預測股價將進入上升趨勢。只要確認股價突破頸線,就能買進。

東武鐵道(9001) 2004年7月1日~2005年2月28日

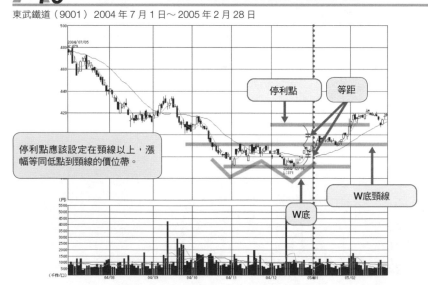

停利點

等距

停利點應該設定在頸線以上,漲幅等同低點到頸線的價位帶。

W底頸線

W底

Q80

有一檔個股的線圖型態如下。你會在此時買進嗎？如果原本就持有此股票，你是否會選擇賣出？

GMO 網路公司（9449）2004 年 6 月 1 日～ 2005 年 1 月 31 日

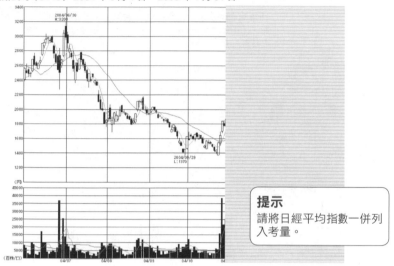

提示
請將日經平均指數一併列入考量。

Q81

你認為本檔股票今後將會上漲嗎？還是會下跌呢？請以技術分析判讀行情。

住友輕金屬（5738）2006 年 8 月 1 日～ 2007 年 3 月 30 日

A80 兩條移動平均線都在W底附近向上發展，股價也來到它們上方。另外，成交量增加帶動趨勢上漲，所以當股價突破頸線時即可買進。

GMO 網路公司（9449） 2004 年 6 月 1 日～2005 年 1 月 31 日

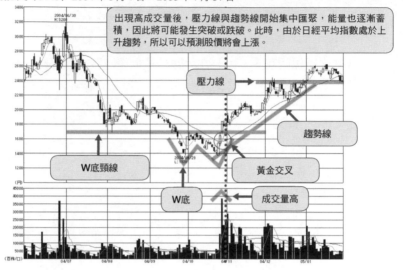

出現高成交量後，壓力線與趨勢線開始集中匯聚，能量也逐漸蓄積，因此將可能發生突破或跌破。此時，由於日經平均指數處於上升趨勢，所以可以預測股價將會上漲。

壓力線

趨勢線

W底頸線

黃金交叉

W底

成交量高

A81 頭肩底型態成形，這是W底的進化型，也是股價上升的訊號。

住友輕金屬（5738） 2006 年 8 月 1 日～2007 年 3 月 30 日

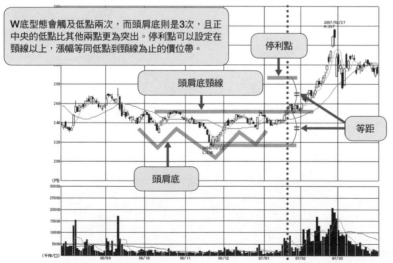

W底型態會觸及低點兩次，而頭肩底則是3次，且正中央的低點比其他兩點更為突出。停利點可以設定在頸線以上，漲幅等同低點到頸線為止的價位帶。

停利點

頭肩底頸線

等距

頭肩底

Q 還是不太懂W底的判讀方法，請告訴我檢視W底型態的訣竅。

 W底之所以困難，是因為在回顧時才會發現原來有W底。而且即使每天檢視線圖，除非W底即將成形，否則難以察覺。

舉例來說，請看2007年日經平均指數的線圖，可以發現2月底到3月初間發生世界股災時，或者是8月次級房貸風暴時，線圖都出現了W的形狀，而且成形後股價立刻反轉。

像這樣事後恢復冷靜再回顧時，W底簡直一眼可見。然而，上述提及的狀況，都是發生在劇烈的股價暴跌之後，投資人往往因為精神承受過大的衝擊，而無法保持冷靜。

不僅如此，在股價暴跌後的數天至一個月間，股價經常出現劇烈的漲跌起伏，彷彿在玩弄投資人。在股價大暴跌後，明明精神狀態還沒穩定，又被股價上下左右翻騰，會因而迷失自我。

因此，後來常常後悔：「當時明明就是個好機會啊。」但事實上，在那個時候的狀況下，想要採取適當的行動，往往遠比想像中困難許多。那麼，我們究竟該如何應對這類難以預測的暴跌衝擊呢？

在暴跌之後，股價多半會暫時回升，然後再次回跌（也就是所謂的第2次觸底）。因此，不妨一邊想像這個線圖型態，並且每天檢視一次日經平均指數的線圖。

如此一來，當碰到W底右腳附近，K棒越過5日移動平均線的狀況時，就能夠迅速掌握住買進的好機會。

觀察大盤指數，
分析對個股的影響
並調整對策

由於個股與整體指數連動的情況很多，所以預測時，必須確認日經平均指數。但是，其中也有不跟日經平均指數連動的個股。檢視各檔股票的線圖型態時，可以看出這檔個股屬於容易受日經平均指數牽動，或是不容易受到影響。

Q82

雖然看似上升趨勢型態，但近期出現了陰線，令人感到不安。假設你買了這檔股票，今後將如何處理？

ABILIT（6423） 2006 年 2 月 1 日～ 2006 年 8 月 31 日

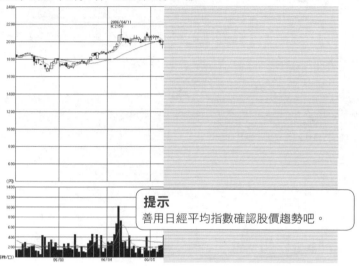

> **提示**
> 善用日經平均指數確認股價趨勢吧。

Q83

股價止跌回穩，並沿著趨勢線開始上升，而且可預測股價將會漲至上方的趨勢線，你是否會買進這檔股票？

GMO 網路公司（9449） 2006 年 4 月 3 日～ 2006 年 11 月 30 日

A82

除了出現死亡交叉外，股價還跌破了兩條移動平均線，並且與日經平均指數急跌的狀況重疊，所以盡快賣出股票比較好。

ABILIT（6423）2006 年 2 月 1 日～ 2006 年 9 月 29 日

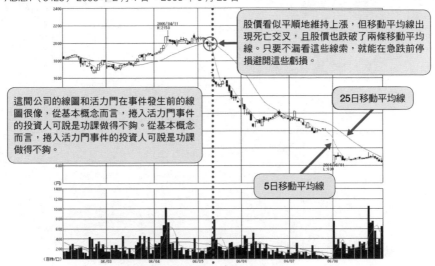

股價看似平順地維持上漲，但移動平均線出現死亡交叉，且股價也跌破了兩條移動平均線。只要不漏看這些線索，就能在急跌前停損避開這些虧損。

這間公司的線圖和活力門在事件發生前的線圖很像，從基本概念而言，捲入活力門事件的投資人可說是功課做得不夠。從基本概念而言，捲入活力門事件的投資人可說是功課做得不夠。

25日移動平均線

5日移動平均線

A83

需留意股價可能即將跌破趨勢線的走勢。當股價確定跌破趨勢線時，有機會就此進入下跌趨勢，所以耐心等待再進場比較好。

GMO 網路公司（9449）2006 年 4 月 3 日～ 2006 年 11 月 30 日

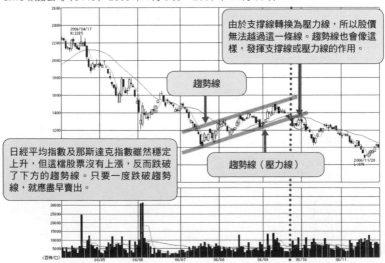

由於支撐線轉換為壓力線，所以股價無法越過這一條線。趨勢線也會像這樣，發揮支撐線或壓力線的作用。

趨勢線

日經平均指數及那斯達克指數雖然穩定上升，但這檔股票沒有上漲，反而跌破了下方的趨勢線。只要一度跌破趨勢線，就應盡早賣出。

趨勢線（壓力線）

Q84 股價呈倒V字型發展，股價變動幅度較大就是這檔股票的吸引力所在。決定在股價暫時站上5日移動平均線時買進，這樣的判斷是否正確？

J-BRIDGE（9318） 2006 年 3 月 1 日～ 2006 年 9 月 29 日

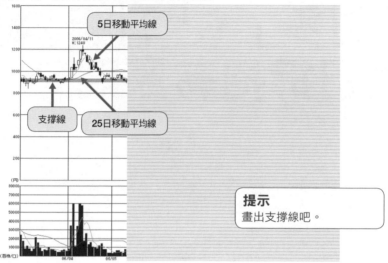

提示
畫出支撐線吧。

A84 在股價即將跌破趨勢線時買進相當危險，而且日經平均指數急跌，所以可以判斷沒有任何買進的理由。

J-BRIDGE（9318） 2006 年 3 月 1 日～ 2006 年 9 月 29 日

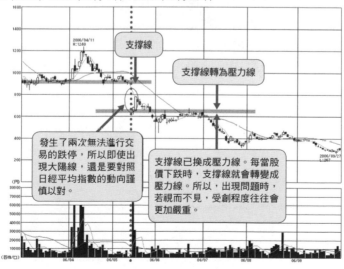

出現
「利多」、「利空」時，
見招拆招有原則

進行波段交易時，比起基本面分析，技術分析往往更重要。但當企業公布財報，或出現與經營相關的新聞時，需格外留意，因為股價可能受其影響而反轉。利多消息能促使股價上漲，而利空消息會導致股價下跌，所以不可怠於確認檢查。

Q85

股價衝撞壓力線，看似即將發生突破。你認為之後將如何變動？
這樣判斷的根據為何？

東京電力（9501） 2006 年 3 月 1 日～ 2007 年 2 月 28 日

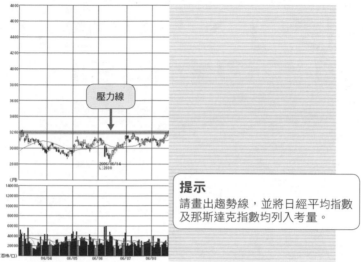

> **提示**
> 請畫出趨勢線，並將日經平均指數
> 及那斯達克指數均列入考量。

Q86

股價於谷底反彈，並且突破5日移動平均線，所以在之後出現的
陽線買進。3天後股價突破25日移動平均線，陽線也再次出現。
接下來該怎麼辦？

芝浦 MECHATRONICS（6590） 2006 年 5 月 1 日～ 2006 年 12 月 29 日

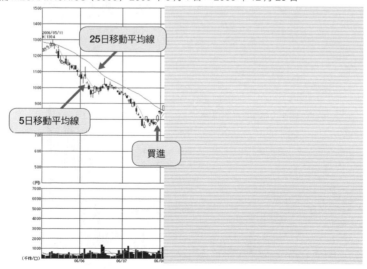

A85

可預測股價將會沿著趨勢線上漲。同時那斯達克指數也突破趨勢線，並且急速上升。而日經平均指數突破W底的頸線，也能作為判斷依據。

東京電力（9501） 2006 年 3 月 1 日～ 2007 年 2 月 28 日

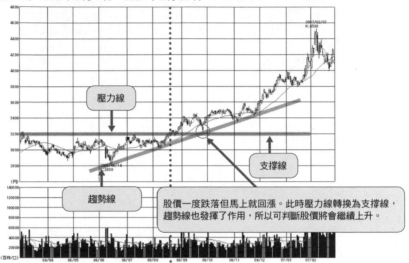

壓力線

趨勢線

支撐線

股價一度跌落但馬上就回漲。此時壓力線轉換為支撐線，趨勢線也發揮了作用，所以可判斷股價將會繼續上升。

A86

新聞爆出此企業業績的負面消息，可謂晴天霹靂。雖然日經平均指數處於上升趨勢，但此刻除了停損外別無他法。

芝浦 MECHATRONICS（6590） 2006 年 5 月 1 日～ 2006 年 12 月 29 日

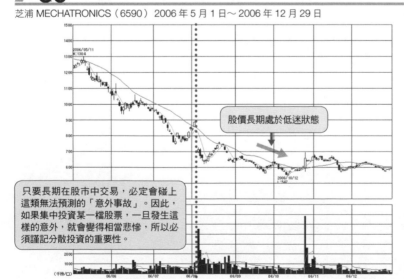

股價長期處於低迷狀態

只要長期在股市中交易，必定會碰上這類無法預測的「意外事故」。因此，如果集中投資某一檔股票，一旦發生這樣的意外，就會變得相當悲慘，所以必須謹記分散投資的重要性。

Q87

趨勢線正集中匯聚，日經平均指數也處於上升趨勢。然而2月發表的財報顯示業績惡化了。那麼今後的股價動向該如何判斷？

藤倉（5803） 2006 年 9 月 1 日～ 2007 年 4 月 27 日

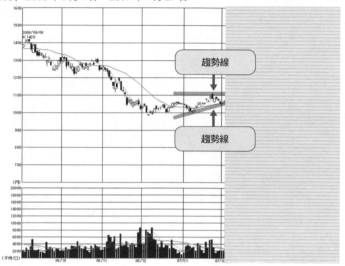

Q88

在A點出現黃金交叉，B點也看似即將出現交叉。想要集中在同一價位買進時，企業卻傳出將大幅裁員的消息。你會怎麼做？

ENESERVE（6519） 2006 年 1 月 5 日～ 2006 年 8 月 31 日

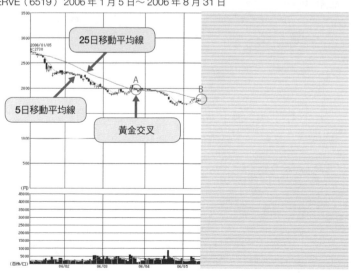

A87　當財報出現業績惡化的消息，賣壓會相繼而來，股價也隨之下跌。因此，雖然這只是基本功，但在發布財報時必須特別留意。

藤倉（5803）2006 年 9 月 1 日～ 2007 年 4 月 27 日

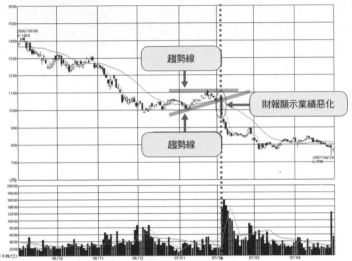

A88　由於出現黃金交叉，以為將進入上升趨勢，但2006年5月卻公布將大幅裁員的消息。在利空消息出現之後，不要買比較安全。

ENESERVE（6519）2006 年 1 月 5 日～ 2006 年 8 月 31 日

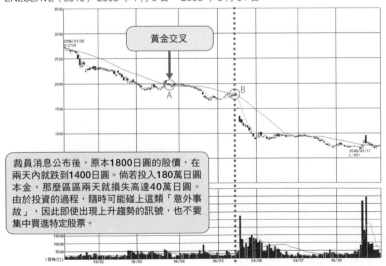

裁員消息公布後，原本1800日圓的股價，在兩天內就跌到1400日圓。倘若投入180萬日圓本金，那麼區區兩天就損失高達40萬日圓。由於投資的過程，隨時可能碰上這類「意外事故」，因此即使出現上升趨勢的訊號，也不要集中買進特定股票。

碰上突發狀況，得當機立斷做停損

如前所述，某檔股票背後即使有再多的有利條件支撐，仍可能由於突如其來的負面消息或資訊，導致股價一瀉千里。無論再怎麼謹慎，我們依然難以避免。一旦碰上這樣的意外事故，到底該怎麼做才好呢？

●分散投資降低風險

在深入討論前，我們再次回顧 Q88 的練習題。其中提到，由於有利條件一應俱全，所以投資人決定「集中資金購入股票」，然而事實上這樣的做法並不可行。

投資人起初會全力投入交易，但之後很可能因為工作繁忙或是覺得麻煩，所以想著「這檔股票看起來不錯，這樣就好，那就靠這一檔決勝負吧」，而把資金全部集中，這正是人的心理作用造成的陷阱。由於如同ENESERVE 公司般的意外狀況不時會發生，為了極力避免這樣的狀況，一定要分散投資。

若將資金集中在同一個地方，股價下跌時就會固執己見，於是產生持股續抱的弊端。也就是說，如果分散投資，當其中一檔股票出現狀況，還能盼望藉由其他檔股票挽回局勢，但若只有一檔，就容易執著「只能靠這檔股票」而緊抓著不放。

●不期待股價會回升

ENESERVE 這檔個股，當初完全沒有出現任何下跌的訊號，卻在隔天毫無預警地狂跌，可說是最糟的狀況，讓人連逃跑的機會都沒有。

在這樣的狀況下，無論是集中投資或分散投資，都必須立刻停損才行。不管是在低點加碼買進或是被套牢的股票，都難以再回到原本的價位，不願放棄只會造成更大的損失。

我有位投資人朋友，當初碰上 ENESERVE 的狀況時，抱持著「都已經跌到這個地步，應該不會再下跌」的想法，以 1200 日圓買進股票，結果股價卻跌到了 400 日圓。

總而言之，停損後再從新的線圖型態中，出現上升趨勢訊號的地方買進，才能使整體收支轉虧為盈。雖然這樣的理論不難理解，但投資人往往受到心理因素影響，而難以實踐。

然而即使如此，還是必須謹記「一旦碰上突發狀況就要立即停損」、「不可將資金集中投入於同一檔股票」兩大重點。無法做到的人，就無法在股票投資上獲得成功。

預測不會絕對正確，
型態總是有例外

我要不厭其煩地強調，沒有勝率 100％的預測。即使運用基礎知識及各種線圖型態，也有可能碰上例外的個股。到了那時該怎麼做比較好，我將以自身經驗為根據來說明。

沒跟上全球股災後的漲勢，是因為心理因素

吉野家（9861）2006 年 9 月 1 日～ 2007 年 4 月 27 日

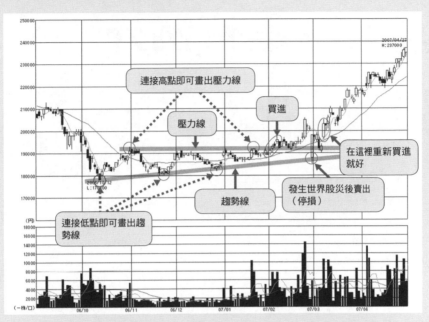

停損後，也有再次買進比較好的例子

接下來要說的是我親身經歷的失敗實例。當時，這檔股票經過一段時間的盤整趨勢後，突破了壓力線，因此我判斷為突破盤整而買進。

但是後來，股價受到世界股災影響而下挫，於是我便停損了。此決定使我認為自己並不是碰運氣才獲利，因而感到相當自滿。

然而，股價卻出乎意外地再次上漲。當來到 5 日移動平均線上方時，重新買進才是正確的做法。但當初停損的股價和應該再次買進的股價間，有一定的價差，使得我「後悔」的情緒作祟，而錯失了買回的最佳時機。

在趨勢線並未失去功能的狀況下，只要股價尚未落到趨勢線下方，就依然有回升的機會。由此可知，流於情緒的判斷是股市操盤的勁敵，而這個敵人就潛伏在每個投資人內心。

怎樣才能避免賠錢？第一步是看不懂就不買

日清食品（2897）2004 年 1 月 5 日～ 2004 年 12 月 30 日

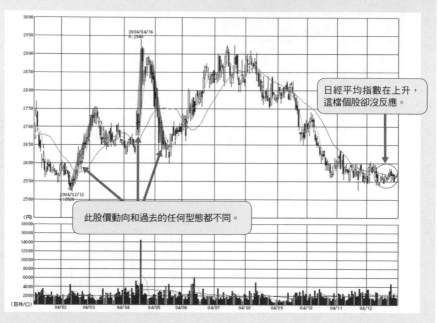

需注意無法畫出相關線條的線圖

日清食品看似一檔動向正常的股票。該企業推出的商品廣受歡迎，企業本身也具備優良形象。然而這些優秀條件，一概無法套用到股票上。

12 月的日經平均指數雖然出現突破，但股票依然無動於衷。從線圖中可看出，難以畫出趨勢線或任何的支撐線及壓力線。

無論是上升趨勢或下降趨勢，如此股價動向能形成一定趨勢，對投資人而言自然較容易判斷。相對地，無論背景再怎麼優秀的股票，若線圖走勢經常震盪不定，就應盡量避免接觸。

沒有勝率 100% 的方法，「深信不疑」是大忌

SEGA SAMMY（6460）2006 年 5 月 1 日～ 2006 年 12 月 30 日

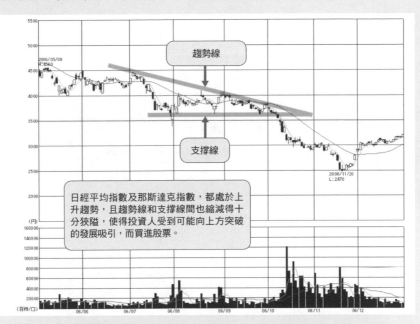

事先瞭解有些股價走勢無法套用任何型態

日經平均指數及那斯達克指數，雖然都處於上升狀態，但這檔股價依然下跌，且由於能量蓄積，使跌幅變得更大。

本書數度提到「不可只見樹（個別股票）而不見林（整體指數）」，但林裡也可能存在即將枯萎的樹。一旦碰上應依循技術分析模式操作，在跌破支撐線時停損，或是避免在跌破支撐線後買進。一般投資人的心態多為「低點進場」，然而這檔股票卻幾乎看不見回升的跡象。

人總是容易對某些事物深信不疑。當看見「兩條線收縮蓄積了不少能量，加上日經平均指數和那斯達克指數都處於上升趨勢」，往往認定股價必會上升。但許多案例都顯示，實際動向不如預期時，人們會開始自我催眠「這只是一時之間的變化，我的判斷還是正確的」，而不願賣出股票，最後因此遭到套牢。

盤整更要留意股價，壓力與支撐功能會相互轉換

ACOM（8572） 2006 年 7 月 3 日～ 2007 年 3 月 16 日

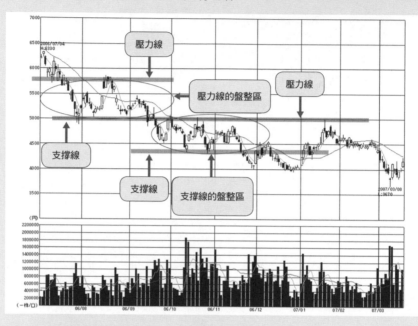

一旦漲跌區間發生變動，股價將難以回升

本書提過很多次，支撐線和壓力線會互換。但實際上可能互換功能的，不是只有線，而是包括盤整區間在內。

上方的線圖，最初呈現「以壓力線為主的盤整區間」，但自從股價跌破支撐線後，便切換成了「以支撐線為主的盤整區間」。

在盤整區間換到下方後，股價將難以回升，因為許多投資人都在期盼股價回升後再賣出。

即使大盤指數走強，該跌的時候還是會跌

Forside（2330） 2005 年 1 月 4 日～ 2006 年 2 月 28 日

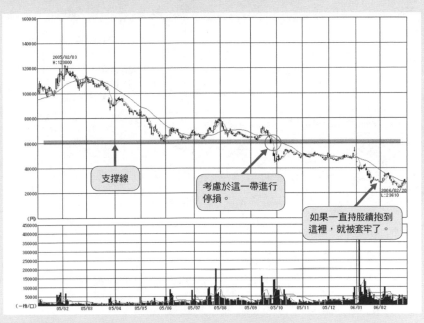

即使股市行情看漲，也應先設定好停損基準

2005 年的日經平均指數動向，受到以下背景的影響：2005 年 8 月，日本參議院否決了郵政民營化法案，而眾議院也因此解散。此契機使得日經平均指數強力反彈，甚至突破了長年始終無法越過的 12000 點大關，形成「突破盤整趨勢」的線圖。

在那一年，只要是追循相同走勢變化的股價線圖，大多同樣可見突破走勢及突破趨勢線等上漲態勢。但是，無論行情再怎麼樂觀，也不可能達到 100% 的勝率，「該跌的時候還是會跌」。即使是股市達人，也可能一時不察碰到「鬼牌」。當初我碰上這檔股票時，也是同樣摸摸鼻了停損止血。

即使知道「跌破支撐線就應停損」，但若不先行設定停損基準，投資人在上升趨勢中，反而會綁手綁腳難以獲利。抱持「不想虧損」的觀念並非壞事，但至少需避免「低點加碼買進」等容易擴大損失的做法。

PART **3** 重點整理

☑ **突破**指股價從盤整趨勢向上突破趨勢線或壓力線。當發生突破時，股價會持續上漲一段時間，所以可視為適合買進的進場訊號。

☑ **跌破**與突破相反，指股價從盤整趨勢向下跌破趨勢線和支撐線。當發生跌破時，股價會暫時處於下跌，因此一旦發生跌破，就是投資人應該賣出的訊號。

☑ **支撐線**是過去股價曾數次止跌回升的底線。相對地，**壓力線**則是過去股價數次開始下跌的地方。

☑ **成交量**會反映股市行情的能量，急增時更需格外注意。在低檔區間急增時，代表適合買進的訊號。

☑ **K 棒**顯示股價一日的變動。其中的大陽線值得關注，代表買壓不斷湧入，使得股價走勢擁有強烈的上升趨勢。

☑ **黃金交叉**指 5 日移動平均線由下向上，穿過 25 日移動平均線的狀態，之後股價很有可能上漲。

☑ **死亡交叉**指 5 日移動平均線由上向下，穿過 25 日移動平均線的狀態。和黃金交叉相反，股價在此狀態下很有可能下跌，所以可視為賣出的訊號。

☑ **W 底**是指股價走勢形成如英文字母「W」，並在接連兩次探底後開始上升的模式。特別是股價突破頸線時，代表買進的訊號。

☑ 進行**波段分析**時，比起基本面分析，技術分析往往更重要。但當企業公布財報，或出現與經營相關的新聞時，必須格外留意，因為股價可能受其影響而反轉。

編輯部整理

我的投資筆記

我的投資筆記

平成 ⑲ 年分の所得税の　確定　申告書（分離課税用）

番号 ０３２２４４４２９

この表は、「分離課税の所得」、「山林所得」又は「退職所得」がある場合に、その所得金額や所得税額を計算するために使用するものです。

控

住所 屋号	
フリガナ 氏名	シブヤ タカオ 渋谷 高雄

特例適用条文	法		条		項	号
	所法 措法		条の の		項	号
	所法 措法		条の の		項	号
	所法 措法		条の の		項	号

（単位は円）

収入金額

分離課税	短期譲渡	一般分 ㋐	
		軽減分 ㋑	
	長期譲渡	一般分 ㋒	
		特定分 ㋓	
		軽課分 ㋔	
	株式等の譲渡	未公開分 ㋕	
		上場分 ㋖	126233174
	先物取引 ㋗		402188
山　林 ㋘			
退　職 ㋙			

所得金額

分離課税	短期譲渡	一般分 54	
		軽減分 55	
	長期譲渡	一般分 56	
		特定分 57	
		軽課分 58	
	株式等の譲渡	未公開分 59	
		上場分 60	126233174
	先物取引 61		402188
山　林 62			
退　職 63			

税金の計算

総合課税の合計額 ⑨	

※申告書B第一表の⑨欄の金額を転記してください。

所得から差し引かれる金額 ㉕	

※申告書B第一表の㉕欄の金額を転記してください。

課税される所得金額	⑨ 対応分 64	0 0 0
	54 55 対応分 65	0 0 0
	56 57 58 対応分 66	0 0 0
	59 60 対応分 67	125853 0 0 0
	61 対応分 68	402 0 0 0
	62 対応分 69	0 0 0
	63 対応分 70	0 0 0

税金の計算

税金の額	64 対応分 71	
	65 対応分 72	
	66 対応分 73	
	67 対応分 74	8809710
	68 対応分 75	56280
	69 対応分 76	
	70 対応分 77	
71から77までの合計 78		8973590

※申告書B第一表の㉗欄に金額を転記してください。

その他

株式等	本年分の59、60欄から差し引く繰越損失額 79	
	翌年以後に繰り越される損失の金額 80	
先物取引	本年分の61欄から差し引く繰越損失額 81	
	翌年以後に繰り越される損失の金額 82	

○ 分離課税の短期・長期譲渡所得に関する事項

区分	所得の生ずる場所	必要経費	差引金額（収入金額−必要経費）	特別控除額
		円	円	円
	合　計 83			

○ 退職所得に関する事項

所得の生ずる場所	退職所得控除額
	円

K71 00208562

年度所得稅報稅單大公開，
一年間我用股票大賺4千萬

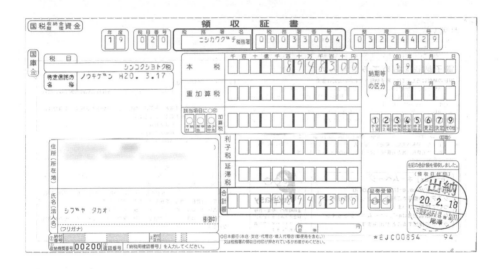

❶ 股票獲利金額

上市櫃股票交易　　126,233,174日圓

期貨交易　　　　　　402,188日圓

❷ 納稅額　　　　　　8,948,300日圓

（收入的7%）

後記

不用刻意設目標，
突破挑戰就是達成目標

「渋谷先生的夢想是什麼呢？」在某次研討會的休息時間，有位學員向我提出了這樣的問題。當時我這樣回答：「我要靠股票賺到一億日圓！」

然而達到了這個目標後，卻反而不知該如何回答這個問題。如果光從數字來考量，那麼在賺 1 億之後是 2 億，2 億之後就想賺到 3 億，接下來甚至想要賺 10 億之類的。

據說散戶投資人最高曾創下接近 200 億日圓獲利的紀錄，但這是平凡的我遙不可及的天文數字。就算出身一般上班族家庭的我，真能賺到這樣的數字，也不知究竟該如何運用如此鉅款。

然而，我依然孜孜不倦地繼續在股票市場中奮鬥著。背後的理由有兩個：

一、如果從一輩子所需的總金額來看，1 億日圓的金融資產想必不夠。不管從事其他工作，或是繼續進行股票交易，都必須持續地累積資產才行。此外，我感到不足的，並非只有金錢而已。

不論工作或投資，我認為人時刻都在追求滿足感，人活在世界

上的目的，可以說正是為了求得滿足感。對我而言，1 億日圓的資產，無法帶來真正的滿足，因此我覺得必須持續地奮鬥下去才行。

二、各位不妨想像，如果自己是戰國時代一個不起眼大名世家的繼承人，那麼你身處的狀況會是如何呢？你的手上只有一塊小小的領地和少數的士兵。即使目前僅有 1000 人的兵力，你是否希望有一天也能成長為 1 萬甚至 10 萬人的大軍，最後由自己親手指揮呢？

長大成人之後，如果還能懷抱著幼時曾經的夢想，那麼無論碰上再大的挫折，應該都能勇於面對挑戰。擁有此特質的人，或許正適合從事股票交易。

當然，這樣的分析未必能套用在每一個人身上。但是，自始至終都想要指揮大軍的慾望，就和想要出人頭、攀上高位一樣。我當初以 300 萬日圓的資本金額開始投入股市，一度因為信用交易而蒙受莫大損失，手邊的資金也頓時腰斬成 150 萬日圓，而在歷經並克服了這些挫折之後，才有今天的成就。

好不容易撐過了這麼多挫折，不禁想體驗運用 3 億甚至 5 億的資金投資，究竟會是什麼樣的心境，於是再次握住手中的滑鼠，持續親自感受股市的變化。但其實我十分瞭解，股市投資是沒有終點的。

支撐著我一路奮鬥至今的，或許是自己兒時懷抱的單純夢想。如果我能持續保持健康，繼續在人生道路上衝刺，應該在不久後就能再次和各位在第 4 本書中相見。

在此，我想借用一些篇幅，向邀請我寫這本書的四本恭子小姐，及將我雜亂的原稿彙整得井然有序、又好讀的作家島田比早子小姐，

致上誠摯的謝意。如果少了兩位的協助，這本書絕對無法順利問世。

　　最後，我也衷心盼望各位讀者都能在股市中屢戰屢勝，並且從中獲得自己所希望的收益。GOOD LUCK ！

國家圖書館出版品預行編目 (CIP) 資料

88 張圖看懂技術分析：你也能跟他一樣，10 年賺到 7000 萬！／
渋谷高雄著；石學昌譯 . -- 三版 . -- 新北市：大樂文化，2023.05
224 面；17×23 公分 . --（優渥叢書 Money；60）

ISBN 978-626-7148-55-6（平裝）
1. 股票投資　2. 投資技術　3. 投資分析
563.53　　　　　　　　　　　　　　　　112005238

Money 060

88 張圖看懂技術分析（暢銷限定版）

你也能跟他一樣，10 年賺到 7000 萬！

（原書名：散戶建築師教你畫 K 線矩陣，一出手勝率 70%）

作　　者／渋谷高雄
譯　　者／石學昌
封面設計／蕭壽佳
內頁排版／思　思
責任編輯／許光璇
主　　編／皮海屏
發行主任／鄭羽希
財務經理／陳碧蘭
發行經理／高世權
總編輯、總經理／蔡連壽

出 版 者／大樂文化有限公司（優渥誌）
　　　　　地址：220 新北市板橋區文化路一段 268 號 18 樓之一
　　　　　電話：（02）2258-3656
　　　　　傳真：（02）2258-3660
詢問購書相關資訊請洽：2258-3656
郵政劃撥帳號／ 50211045　戶名／大樂文化有限公司

香港發行／豐達出版發行有限公司
　　　　　地址：香港柴灣永泰道 70 號柴灣工業城 2 期 1805 室
　　　　　電話：852-2172 6513　傳真：852-2172 4355

法律顧問／第一國際法律事務所余淑杏律師
印　　刷／韋懋實業有限公司

出版日期／ 2017 年 07 月 03 日
　　　　　 2023 年 05 月 25 日三版
定　　價／ 320 元（缺頁或損毀的書，請寄回更換）
Ｉ Ｓ Ｂ Ｎ　 978-626-7148-55-6